JN101907

Product Development and Brand Strategy to Enhance *Kansei*/Fetish Value

Theories and Case Studies of *Kansei* Product Development

感性価値を高める
商品開発とブランド戦略

感性商品開発の理論から事例まで

長沢 伸也［編著］

晃洋書房

は じ め に

●感性商品が日本を救う

　日本は，1980年代から貿易摩擦や円高から海外への工場の移転を進めてきた．バブル経済崩壊後はデフレによる失われた30年を経て，いま日本のものづくりはジリ貧状態にあるといえる．さらに2020年からは，世界を襲ったコロナ禍がこの状況に拍車をかけている．

　本書でいう感性商品とは感性に訴える製品やサービスつまり魅力ある商品，価値ある商品であり，「売れる商品」と同義である．編者は，本書の研究のテーマである感性価値や感性ブランディングなどを通した商品づくりが，日本の現状を打開する一つとなり得るものと考えている．

●「高くても売れる」「高くても熱烈なファンを生む」商品やブランド　を目指そう

　グローバル競争のなかで，日本でものをつくるとコストが高くなる．日本企業はこぞって工場を中国の沿岸部に移転した．そこでの人件費が上がると内陸奥地にシフトし，そこでまたコストが上がると今度はタイ，ベトナム，ミャンマーへと目を向けてきた．アフリカまで行ったらもうその先はないのに，いったい何時まで何処まで流浪し続けるのか．ものをつくるだけで価値づくりから背を向け，コストダウンの消耗戦から抜け出せないでいると，ブランドも企業も疲弊して，せっかくの価値も目減りしてしまう．

　「日本でつくると高くなる」のであれば，日本らしさや日本人の感性を生かして，日本でつくっても「高くても売れる」「高くても熱烈なファンを生む」商品やブランドを目指す商品開発・ブランド戦略しかない．もちろん，この実践も理論化も容易ではない．

　したがって，われわれは感性商品の開発・管理において，その果たす役割と責任の重さを受け止めつつ，研究と実践の両輪の量的・質的拡大と深化を通じ，新たな日本の強さをなんとしても生み出していかなければならない．

●感性商品とは

世の中には多くの商品（製品に限らず，サービスやブランドを含む）が溢れている．そして消費者は，自身の自由意思で選択・購入した商品を使用・利用することで豊かで快適な生活を営む．したがって，市場で成功する商品を生み出すために，使用する人間の感覚に照らしての受け容れられ方や，使い心地，感じ方を捉えることは，マーケティング活動の一環として重要である．

特に，最近では社会全体が「人間重視・生活重視」の動きにあり，「感性価値」とか，「感性の時代」や「感性社会」，「感性産業」という言葉が一つのキーワードとして多用されるようになってきている．つまり，商品に対して消費者が感じるであろう，人間の五官（五感）などの「感覚」や，人間の情緒や感情，気持ちや気分，好感度，選好，快適性，使いやすさ，生活の豊かさなどの「感じ方」を問題にすることが多くなっている．

「感性」とは何か，は哲学的で難しいが，これらの人間の「感覚」と「感じ方」を併せて「感性」とすると，企業は商品開発において「感性」を重視し，「感性に訴える商品」を提供する必要が生じている．「感性」を重視するというと，何か浮ついたニュアンスに受け止める人もいるようである．しかし，上記のように考えると，「感性に訴える商品」とは「魅力ある商品」，「価値ある商品」のことであり，「売れる商品」と同義である．したがって，これは商品開発上，またマーケティング上，本質的かつ根本的な課題であることがわかる．

●本書の各編と各章の解題

第Ⅰ部の4編は，感性商品開発のための新たな理論的枠組みを紹介している．最初の2編は「エクスペリエンス（経験・体験）」と「経験価値マーケティング」に関するテーマとなっている．長沢・大津稿「「エクスペリエンス（経験・体験）」と「経験価値マーケティング」再考（Ⅰ）――顧客体験（CX）概念と経験価値モジュールを中心として――」では，「経験価値ないしは顧客経験／顧客体験（CX）」の概念および「戦略的経験価値モジュール（SEM）」について再考している．続いて，大津・長沢稿「同（Ⅱ）――行動的／肉体的経験価値，関係的経験価値を中心として――」では，「戦略的経験価値モジュール（SEM）」のうち，必ずしも十分には明確にはなっていなかったACT（行動的／肉体的経験価値）とRELATE（関係的経験価値）について体系的に整理し，いくつかの提案について紹介している．

　竹村・劉稿「商品の感性的価格判断――心的モノサシ理論による説明――」では，感性価格のモデルとしての心的モノサシの評価関数は，価格判断の現象を説明できることを示しており，実用性も極めて高い．

　高山稿「新しい時代の覇権と商品ブランドの経済学」では，覇権の経済システム次第で，商品の価値と意味が変わることを明らかにしている．商品としての富の象徴であるラグジュアリーと日常生活の象徴であるコモディティの両方の商品が存在する衣料品を対象にしているので，ラグジュアリー研究としても興味深いであろう．

　第Ⅱ部の4編は，ファッション&ラグジュアリーブランドを中心とした感性商品研究に焦点を当てている．長沢稿「国内ファッション・アパレルブランドの現状と課題」では，国内ファッション・アパレルブランドの財務状況を分析した上で，価格の高いラグジュアリーブランドを目指すべきであることを指摘している．

　続いて，熊谷・長沢稿「買物経験，ブランドのラグジュアリー性と幸福感の関係――リアル店舗とデジタル店舗における買物経験の考察――」では，リアル店舗とデジタル店舗という購入チャネルに基づく買い物経験が購入ブランド製品に基づく消費者の幸福感に影響することが考察されている．

　長沢・杉本稿「モンブランのラグジュアリー戦略――歴史・土地・人物・技術のブランド要素化――」では，万年筆だけでなく近年では時計ブランドとしても存在感を示すようになったモンブランを例に，歴史・土地・人物・技術をブランド要素（経営資源）として活用するブランディングが説明されている．

　続いて，北浦稿「国内における被服消費縮小と消費者の被服関心―― COVID-19による影響――」では，COVID-19感染拡大に伴うプライベートな対面接触機会の減少が被服への関心を低下させていることを明らかにしている．

　第Ⅲ部の3編は，バラエティに富んだ感性商品の事例となっている．白坂・下村・大友・小澤稿「スイッチ音の感性評価に及ぼす触感の影響」は産学連携の研究成果である．人がヒューマン・マシン・インタフェイス（HMI）デバイスを操作する際，触覚，聴覚，視覚などの感覚器から様々な刺激を受け，その刺激に対する反応として起こる反応は経験的価値としてとらえることができ，製造業者がユーザに提供すべき本質的な価値であり，知覚，認知，感情のプロセスを経た感性価値と同義であるとのとらえ方は傾聴に値する．

　坂部稿「宝塚歌劇団員の現役活動期間についての分析」は，異色の事例研究

である．ジェンダー問題に絡めながら宝塚歌劇団での現役活動期間データを分析してみると，「特殊な一劇団の団員の活動記録」という認識からとは全く異なる見え方があったとしている．

　最後の熊王稿「地域ブランドにおける感性評価と潜在構造分析の役割」では，静岡県焼津市の地域ブランド化された商品であるお茶とそぼろにおける評価の特徴を把握し，潜在構造分析により複雑な評価項目間の関係性を明らかにした上で，購買評価に影響する要因を明らかにしている．

●強い商品，強いブランドをつくろう

　ブランドは危機に強いと言われている．昨今の原材料価格の高騰によるモノやサービスの値上げで，その定説は多くの人が知ることになったのではないだろうか．値上げに成功した商品と，苦戦している商品の違いをみるとブランド力の差が感じられる．

　そもそも日本の製品やサービスは品質が良く完成度が高いのに，なぜ世界にブランドとして認識されにくいのであろうか．それは，「お客様は神様」で，神様であるお客の意に沿うことが重視され，「知る人ぞ知る」でいいという考え方があるからだ．「欧米ブランドは自分たちがつくりたいものをつくる．日本ブランドは使う人が喜ぶものをつくる」という違いがある（『究極のブランディング』（長沢伸也ほか著，中央公論新社，2022年）．

　しかしながら，「行列のできるラーメン店」は，神様であるお客様を酷暑の日も極寒の日も店の外に待たせる．また，京都の高級旅館「星のや京都」は，車で行くことができず，嵐山の船着き場から船で宿へ渡る必要がある．車を使えないという到達容易性を下げた非常識な状況を創り出すとともに，渡し船で行くという非日常的な経験を演出して人気である（大津・長沢稿）．

　本書に所収されているこのような感性商品開発のための新たな枠組みや事例が産学の幅広い読者の皆様の参考になるものと信じている．多くの研究者・読者に本書を手に取っていただき「感性」を通じた商品開発の参考にしていただければ幸いである．

　　2023年1月
　　　日本感性工学会および早稲田大学 WBS 研究センター感性商品研究部会長
　　　　　　　　　　　　　　　　　　　　　　　　　　　長沢伸也

目　　次

第4章　新しい時代の覇権と商品ブランドの経済学 ………… 55

高山　誠

第II部　感性商品としてのファッション&ラグジュアリーブランド戦略

第5章　国内ファッション・アパレルブランドの現状と課題……………………………………………… 75

長沢伸也

第Ⅰ部

感性商品開発のための理論的枠組み

第1章　「エクスペリエンス（経験・体験)」と「経験価値マーケティング」再考（I）
——顧客体験（CX）概念と経験価値モジュールを中心として——

長沢伸也・大津真一

はじめに

　本章では，「経験価値ないしは顧客経験／顧客体験（CX）」の概念および「戦略的経験価値モジュール（SEM)」について再考する．

　「エクスペリエンス（経験・体験)」をキーワードとする「経験価値」の概念が20年ほど前に提案され（Schmitt, Bernd H.），[1,2] それ以来，マーケティング実務に盛んに導入されるようになった．

　このような状況を受け，筆者らは，「経験価値ないしは顧客経験／顧客体験（CX）」概念および「戦略的経験価値モジュール（SEM)」について，理論的背景まで遡って体系的に整理し，いくつかの提案を行ってきた．

　なお，これらを翻訳書で日本に紹介する際に，翻訳者の嶋村らは「"experience"を翻訳するに当たり，日本語で "エクスペリエンス" とするか，"経験" と訳すか，"体験" と訳すか非常に迷った」とのことではあったが，邦訳書では "経験" と訳した．[1] また，"customer experience" を "顧客経験" ではなく "経験価値" と訳した．それ以来，内容だけでなく，用語の使い方も混乱気味であることは注意を要する．

1　経験価値ないしは顧客経験／顧客体験（CX）とは

　シュミット（Schmitt, 1999, 2003）[1,2] によって「経験価値」の概念が提案されて以来，「ハーレー体験」「スターバックス体験」「amazon.com 体験」といった表現が企業のウェブサイトや CEO のコメントに昨今頻繁に見受けられるように，マーケティング実務に盛んに導入されるようになった．

　例えば，「○○社が，デジタル時代に適した顧客体験の提供を目指し，快適な生活をサポートする新サービスをリリース」というような，経験価値ないしし

は顧客経験／顧客体験（CX）にまつわる取組みの紹介が経済紙や経済誌に頻繁に報じられるようになった．また，CX は，UX（ユーザーエクスペリエンス）や CS（顧客満足）など，製品・サービスを通して顧客が受け取る価値全体を指すようになってきた．また，DX（デジタルトランスフォーメーション）が急速に社会に取り入れられている．これは業務プロセスやデジタルサービスに変革をもたらすものであり，ビジネスが変われば必然的に消費行動も CX（顧客体験）も変わるため，DX と CX は，相互に関係し合っていることになる．したがって，これからの社会で CX 向上を目指すには，DX 推進が欠かせないことになる．このため，「〇〇社が DX を推進して CX 向上を目指す」というように，CX と DX が一緒にセットで頻繁に使われるようになってきた．

　さらに近年では「ブランド経験」がアカデミアで研究対象として取り上げられるようになった．また，最近注目されている「サービスデザイン」は，顧客がサービスの利用を通して得られる体験価値を重視し，顧客の視点から事業やサービスを体系的に見直したり，新しいサービスを生み出す取組みである（香林，2018）[3]．これらの取組みでも，「エクスペリエンス（経験・体験）」や「経験価値ないしは顧客経験／顧客体験」が改めて注目されている．

　「経験価値ないしは顧客経験／顧客体験（CX）」とは，製品やサービスに対する顧客の使用体験に焦点を当てた顧客価値のことである．すなわち，過去に起こった個人の経験や体験のことを指すのではなく，顧客が企業やブランドとの接点において，実際に肌で何かを感じたり，感動したりすることにより，顧客の感性や感覚に訴えかける価値のことである（長沢，2005）[4]．

　今日の日本のような成熟社会では，機能や便益だけではない差別化の戦略が求められている．例えば，恩藏は，コモディティ化の進んだ成熟市場での 4 つの参入戦略として「品質価値戦略」「カテゴリー価値戦略」「独自価値（先発）戦略」とともに「経験価値戦略」を挙げている（恩藏，2007）[5]．

　ホルブルック（Holbrook, Morris）の提唱した消費の経験的側面は消費者の感情面に着目しており（Holbrook, et al., 1982）[6]，FEEL（情緒的経験価値）を始めとする内面的な経験に相当すると考えられる．これに対し，シュミットの提案は，ACT（行動的／肉体的経験価値）という行動要素も経験の一つとして示したこと，内面的な経験を 4 分類したこと，および，これら 5 つの内面的経験と外面的経験とをパッケージ化して活用しやすくしたことが新しかったと言える．

　コトラー（Kotler, Philip）はマーケティングが扱うものの10種類（財，サービス，

表1-1 戦略的経験価値モジュール（SEM）

SEM	キーワード	例
SENSE（感覚的経験価値）	五感（五官）	製品の色・形・素材が目立つと感じた
FEEL（情緒的経験価値）	感情	製品が豪華で素敵だと感じた
THINK（知的経験価値）	好奇心・蘊蓄	製品の「こだわり」や作り手に興味を覚えた
ACT（行動的／肉体的経験価値）	行動・ライフスタイル	製品を使う生活に変わった
RELATE（関係的経験価値）	繋がり感	製品の愛好家コミュニティーに参加した

出所：Schmitt (1999) *Experiential Marketing* を基に筆者作成，キーワード，例は筆者追記.

経験，イベント，人，場所，資産，組織，情報，アイデア）の中に経験を挙げ，消費者の経験もマーケティングの対象であることを指摘している（Kotler, 1999; Kotler and Keller, 2006）．また，パイン（Pine Ⅱ, B. Joseph）らは，「一つの製品を使う過程で消費者はいくつもの経験に遭遇する．そうした経験の中に差別化の可能性が秘められている」と述べ，経験が差異化の一つの要素になることを指摘している（Pine, 1999）[9]．

 以上のように，マーケティングにおいては，差異化の要素として消費者の経験（経験価値）が着目されている．

 シュミットは，認知科学の概念を元に，経験には表1-1に示すような5つのタイプ（戦略的経験価値モジュール：Strategic Experiential Modules, SEM）があると指摘し分類した（Schmitt, 1999）[1]．戦略的経験価値モジュール（SEM）の目的は，経験を分類し，マーケティング活動の目標や戦略を構成する要素として活用しやすくすることである．

 これらの戦略的経験価値モジュール（SEM）を活用し，消費者の経験に焦点を当てる．これがシュミットの提唱した経験価値マーケティングである．

 これら5つの戦略的経験価値モジュール（SEM）は，SENSE（感覚的経験価値），FEEL（情緒的経験価値），THINK（知的経験価値），RELATE（関係的経験価値）は感覚・感情・好奇心・繋がり感などの内面的な経験，ACT（行動的／肉体的経験価値）は行動という外面的な経験と，分類することができる．

 この戦略的経験価値モジュール（SEM）は，マーケター（マーケティング提供者）が，経験価値マーケティングを行う際のツールと理解されている．しかし，この5つの戦略的経験価値モジュール（SEM）の中で，SENSE（感覚的経験価

値），FEEL（情緒的経験価値），THINK（知的経験価値）は比較的容易に理解されるが，ACT（行動的／肉体的経験価値）／RELATE（関係的経験価値）は理解しにくく，ましてや ACT／RELATE をどう活用するのかという点については，十分明確にはなっていない.

　また，経験価値は米国で提案されたため，事例としては日本人に馴染みのない米国および海外企業の事例が多い．例えば，シュミットは，米国で人気があるスウェーデン製の「アブソリュート・ウォッカ」の事例を取り上げている（Schmitt, 1999）．しかし，同製品は日本ではほとんど販売されていないため，日本人には理解されにくく腹落ちしない.

　このような状況を受け，経験価値の理論については，早稲田大学ビジネススクール（WBS）長沢研究室において，商品開発・管理学会や日本感性工学会を中心に継続的に研究が行われている（大津・長沢，2007, 2010a, 2010b, 2011；長沢，[10-13] 2005, 2006, 2007a, 2007b, 2008, 2009, 2012, 2016, 2018, 2019；Nagasawa, 2008, 2014, 2015；[14-22] 長沢・大津，2007, 2010, 2011, 2019；入澤・山本・長沢，2010, 2018；入澤・長沢，2010；[26-29] [30-31] [32] Irisawa and Nagasawa, 2012；Nagasawa and Otsu, 2015a, 2015b）.[33] [34, 35]

　また，日本人が肌感覚として理解しやすい日本企業による経験価値創造と戦略的経験価値モジュール（SEM）による分析についても，やはり WBS 長沢研究室において継続的に研究が行われている.

② 経験価値概念の再検討

　筆者らは，シュミットが提唱した "experiences" の概念そのものについて整理し再定義を行った（大津・長沢，2010a；長沢・大津，2011；Nagasawa and Otsu,[11] [28] 2015a）.本章ではこれを紹介する.[34]

（1）シュミットによる "experience" の定義
　経験価値マーケティングを提唱したシュミットは "experiences" を次のように定義している.

Experiences are private events that occur in response to some stimulation（e. g., as provided by marketing efforts before and after purchase）.（Schmitt, 1999, p. 60）

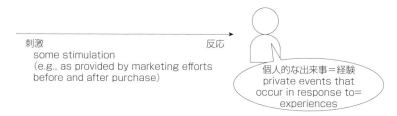

図1‐1　シュミットによる「エクスペリエンス（experiences）」の定義
出所：長沢伸也・大津真一（2010）「経験価値モジュール（SEM）の再考」，『早稲田国際経営研究』，No. 41, p. 71, 図1を筆者加筆.

　このシュミットの "experiences" の定義を図示すると図1‐1のようになる.

　シュミットによれば，"experiences" は「（購入前や購入後において，マーケティング活動により提供されるような）外部からの刺激に反応して発生する "private events" つまり個人的主観的な事象・出来事」のことである.

　この "private events" という定義は，経験が private（個人的主観的）なものであるという特徴を示している. つまり経験は，経験をした「本人」のみの経験であり，その他の人にとっては経験ではない. シュミットは，ホルブルックと同様に，経験は主観的なものであることを指摘した.

　このシュミットの "experiences" の定義は，一種の刺激―反応モデルと解釈できる. ただし，"experiences" となる反応（private events）はあくまでも個人的・主観的であり，外部から観察できる事象（＝行動）だけではない. 刺激の結果発生する知覚や感情・意識も反応として扱っている. その刺激の結果発生した知覚や感情・意識は，直接外部から観察することはできない. 例えばある物を触って，ある消費者は「冷たい」と感じたかもしれないが，別の消費者は「固い」と感じたかもしれない. それは個人的・主観的な反応であり，外部から直接観察することはできない. しかしそれぞれの本人にとっては「冷たいと感じたこと」「固いと感じたこと」は刺激に反応することによって発生した事実であり，これが "experiences" である.

　なお，"private events" は，行動分析学の用語である. スキナー（Skinner, Burrhus F.）は，生活体の皮膚内で生起する出来事を "private events（私的出来事）" と呼んだ（スキナー, 2003, p. 305）[36]. 「行動とは身体（body）の変化である」と定義し，「こころ」や意識といった外部から観察できない生体の内的事象（private event）も行動に含まれるとしたのである（小野, 2005, p. 15）[37]. シュミット自

表 1 - 2　"experiences" の例

刺激（または刺激を与えられた状況）	experiences（private events）
氷を触った時	冷たいと感じた.
映画をみて	心が温まった.
手品を見て	どんな仕掛けなのだろうと考えた.
健康にいいと聞いて	ジョギングを始めた．気持ち良かった.
同窓会に参加して	やっぱり仲間だと感じた.

出所：長沢伸也・大津真一（2010）前掲稿，p. 72，表 2．

身は，スキナーについては言及していないが，シュミットの "private events" は，行動分析学における "private events" と類似概念と考えられる．

　シュミットの定義した "experiences（＝private events）" としては，表 1 - 2 のような例を挙げることができる．これらが，刺激に対する個人的・主観的な事象であり，"experiences" の例である．

　通例，シュミットの "experiences" は「経験価値」と訳されているが，本来の "experiences" は価値という言葉までは含んでいない．シュミット自身も

　　Experiences provides sensory, emotional, cognitive, behavioral, and rational values that replace functional values.（Schmitt, 1999, p. 26）[1]

と述べ，"experiences" が価値を提供するとしている．つまり "experiences" が提供する価値を経験価値ということができる．

　本来，主観的・個人的な事象である "experiences" と，その "experiences" が提供する価値は，区別して理解する必要があり，従来，日本では，この二つが区別されず議論が進んでいたことにシュミットの「経験価値マーケティング」に対する誤解や，わかりにくさの原因があると考えられる．

　シュミットの "experiences" を，「経験価値」と訳すことの違和感について平山も「Schmitt の経験価値マーケティングを原著で読むと，翻訳書との違いにあらためて多少の違和感が感じられる」と指摘している（平山，2007, p. 94）[38]．

　よって，本章ではシュミットのいう "experiences" を指すときは，「経験価値」と訳さず，暫定的に「エスペリエンス」の訳語を当てることとする．そして "experiences" が提供する価値＝「経験価値」と区別できるようにする．これは，筆者らのオリジナルの主張である．

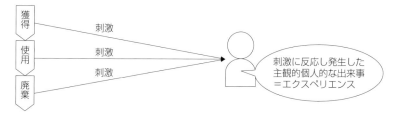

図1-2　エクスペリエンス・モデル

出所：長沢伸也・大津真一（2010）前掲稿, p. 73, 図 3.

（2）消費者行動とエクスペリエンス

　前節ではシュミットの "experiences" を「エスクペリエンス」と表現すると した．これを解釈するため，もう一つの重要な要素「刺激」について整理する． 　「エスクペリエンス」を生み出す「刺激」について，シュミットは上述のよ うに「（購入前や購入後に，マーケティング活動により提供されるような）外部からの刺 激」としているように，購買の前と後の両方の過程を通じて得られる刺激が対 象となる．消費者行動は一般に「消費者がニーズ・ウォンツ（欲求・願望）を満 たすために行う選択・購買，使用，処分のプロセス」と定義される（平久保, 2005, p. 16）[39]．この消費者行動概念で購買前後の行動をより具体化し反映させる と，「エスクペリエンス」は次のように定義し直すことができる（図1-2）．

　　　エスクペリエンスとは，消費者が，製品の獲得（選択・購買），使用および 　　　廃棄の過程において受ける刺激に対し反応して発生する，個人的主観的な 　　　事象・出来事である．

　「エクスペリエンス」は，① 消費の過程（製品・サービスの獲得・使用・廃棄の過 程），② 主観性（消費者の自分自身の身の周りに発生し直接接した状況の中），③ 外的 行動／内的活動の両面性（消費者自身の行動と心理的・生理的現象）という３つの特 徴を持っている． 　この消費者経験を競合他社の経験と差異化することによって，顧客マインド 内の独自のポジションを築き，競争力を得る．これが経験価値戦略である．

（3）エクスペリエンスを生み出す刺激──エックスプロ "ExPro" ──

　「エクスペリエンス」は，あくまでも消費者の主観的な事象であり，外部か ら直接コントロールすることはできない．しかし，マーケター（マーケティング

表 1 - 3　ExPro（Experience Providers）

ExPro	具体例
コミュニケーション	広告，雑誌風カタログ，ブローシャーやニューズレター，アニュアルレポート，ブランドをつけたパブリック・リレーションズ・キャンペーン
アイデンティティ	ネーミング，ロゴとシンボルマーク
製品（プロダクトプレゼンス）	製品デザイン，パッケージング，製品陳列，ブランドキャラクター
コブランディング	イベント・マーケティング，スポンサーシップ，プロダクト・プレイスメント
空間環境	ビルやオフィス・工場の空間，小売スペース，公共スペース，トレードブース
ウェブサイト	
人間	販売員，企業の代表者，サービス提供者，企業やブランドと関わりうる全ての人たち

出所：長沢伸也・大津真一（2010）前掲稿，p. 73，表 3．

提供者）は，顧客の「エスクペリエンス」を生む刺激をマーケティングの取組みにより提供することができる．この「エスクペリエンス」を生み出す刺激のことをシュミットは，「エックスプロ（ExPro: Experience Providers）」（邦訳「経験価値プロバイダー」）と表現した．

「エックスプロ」は，マーケターが用いることのできる戦術的な実践要素であり，消費者の「エスクペリエンス」を生む刺激である（表 1 - 3）．

（4）アフォーダンス

エクスペリエンスを生み出す刺激については，ブラクス（Brakus, J. Joško）が生態心理学（ecological psychology）のアフォーダンス理論から説明を行っている（Brakus, 2009）[40]．

生態心理学とは，ギブソン（Gibson, James J.）が提唱した「動物と環境の相互作用を研究する生態学の発想を心理学に導入した」概念である（樋口・森岡，2008, p. 5）[41]．生態心理学は，動物と環境とを相互作用する一つの大きなシステム，「エコシステム」として捉えているのが特徴である（三嶋，2000, p. 10）[42]．

また，生態心理学には，アフォーダンスという概念がある．アフォーダンスとは，「環境が動物に提供するもの，良いものであれ悪いものであれ，用意したり備えたりするもの」（Gibson, 1979, 邦訳 p. 137）[43]であり，「〜できる」，「〜与える」などの意味を持つ動詞アフォード（afford）をベースとしたギブソンの造語である．もう少しわかりやすく言えば，「環境が，その中で生きる動物に与

えてくれる行為の機会」（三嶋, 2000, p. 10）[42]と表現できる．動物は，アフォーダンスを探索し，ピックアップし，行為を行う．例えば，「椅子」は「座ること」をアフォードしている，または「座ること」に対するアフォーダンスを備えている，ということができる．

ブラクスは，消費者がピックアップし受け取ることができるアフォーダンスをExProが備えており，エクスペリエンスをアフォードしている，という説明を行っている（Brakus, 2009）[40]．エクスペリエンスを生み出す刺激を，アフォーダンスとして認識しデザインすることの重要さは，「共有可能な記憶の想起」という観点で，長沢らも指摘している（長沢, 2007a, pp. 136-139）[15]．

なお，ブラクスとシュミットらは，「ブランド・エクスペリエンス」を提案した論文において，これを「ブランド刺激によって喚起された，主観的かつ内的な（感覚的・感情的・認知的）消費者の反応や行動」と定義している（Brakus, et al., 2009, p. 53）[44]．つまり，ブランドの商品を使用したり，その情報に触れたりすることにより喚起される消費者の反応や行動といえる．

（5）エクスペリエンシャル・マーケティング（経験価値マーケティング）

以上の議論から，「エクスペリエンス」は消費者の主観的個人的な出来事であるから，マーケター（マーケティング提供者）は直接にはマネージできないが，「エクスペリエンス」をアフォードする刺激としての「エックスプロ」を，アフォーダンスとして認識しデザインすることによりマネージすることができる．そしてこの刺激とその結果として生み出される「エクスペリエンス」を積極的に活用しようという考え方が「エクスペリエンシャル・マーケティング（Experiential Marketing）」（邦訳「経験価値マーケティング」）である（図1-3）．

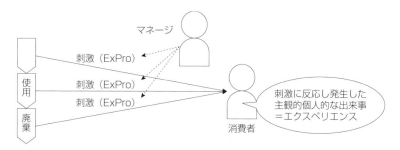

図1-3　エクスペリエンシャル・マーケティング（Experiential Marketing）
出所：長沢伸也・大津真一（2010）前掲稿, p. 74, 図4．

「エクスペリエンス」のモジュール

　以上，前節では，シュミットの「エクスペリエンス（experiences）」の定義を再整理し，さらにこの「エクスペリエンス」と「刺激＝エックスプロ（Ex-Pro）」から「エクスペリエンシャル・マーケティング（Experiential Marketing）」について再整理した内容を紹介した．

　筆者らは，やはりシュミットが提唱した戦略的な「エクスペリエンス」のモジュール（Strategic Experience Module, SEM）の概念について整理し再定義した（大津・長沢，2010a[11]；長沢・大津，2010[27]；Nagasawa and Otsu, 2015a[34]）．これは「戦略的経験価値モジュール」という邦訳から「経験価値」の分類という印象を受けるが，本来は「エスクペリエンス」の分類である．本節ではこれを述べる．

（1）戦略的経験価値モジュール（SEM）

　シュミットは，「エスクペリエンス」は独自の構造や処理過程によりさまざまタイプに分類できるとしており，SENSE（感覚的経験価値），FEEL（情緒的経験価値），THINK（知的経験価値），ACT（行動的／肉体的経験価値），RELATE（関係的経験価値）の5つの戦略的経験価値モジュール（SEM）に分類した．

　さまざまなタイプの「エクスペリエンス」を分類し，マーケティング活動の目標や戦略を構成する要素として活用できるようにする．これが，戦略的経験モジュール（SEM）の目的である．これらの5つのモジュールは，次に述べる「心のモジュール性」と「身体性認知（Embodied cognition）」の2つの概念から導き出されている．

（2）心のモジュール性

　シュミットはエクスペリエンスを分類し，マーケティング活動の目標や戦略を構成する要素として活用できるようにするために，認知科学・進化心理学の概念である「心のモジュール性」を利用した．

　「モジュール」とは，ある程度独立性のある機能単位を指し占めす用語で，認知科学で心的機能を実現する構造をモデルとして記述するときに用いられる（石川，2006[45]）．そして「心のモジュール性」とは，心は特化した複数の機能領域（モジュール）によって構成されている，という考え方である

　例えば，ピンカー（Pinker, Steven）は，心のモジュールとして以下を取り上げている（Pinker, 2003）[46]．

　　・知覚（perception）
　　・推論（reasoning）
　　・感情（emotion）
　　・人間関係（social relations）

　シュミットは，心のモジュール概念の例として，このピンカーの4つの心のモジュールを示し，戦略的経験価値モジュール（SEM）の SENSE（感覚的経験価値），THINK（知的経験価値），FEEL（情緒的経験価値），RELATE（関係的経験価値）の経験価値モジュールを導いている（Schmitt, 1999, p. 258）[1]．

　感性工学では，情報処理論心理学的モデルの観点で，感性を「感覚→知覚→認知→感情→表現」までの一連の情報の流れと定義しており，中でも「知覚→認知→感情」が脳の働きとしている（長沢，2002）[47]．この知覚・認知・感情も心のモジュールであり，ピンカーの知覚・推論・感情と同じ考え方である．

（3）身体性認知（Embodied Cognition）

　シュミットは，前述のピンカーの4つのモジュール以外に，身体性認知（Embodied Cognition）という概念を紹介し，ここから戦略的経験価値モジュール（SEM）の ACT（行動的／肉体的経験価値）を導いている（Schmitt, 1999, p. 258）[1]．

　身体性認知とは，知覚を含めた認知現象が，身体運動と関連し，身体運動を介して環境と相互作用する，という考え方である（樋口・森岡，2008, p. 214）[41]．この身体性認知は，従来の認知科学における情報処理モデル（入力→処理→出力という考え方）に対して，新しく提唱された概念である．情報処理モデルでは，環境の情報を知覚し，内部で判断や意識決定を終えた後，運動器官によって環境に働きかけるという考え方であった．そのため情報処理が終了するまで運動は出力されないということになり，人間が瞬時に行っている判断や行動とは大きく異なってしまう．この問題を解決するために，前述のギブソンの生態心理学の考え方を取り入れ，環境と身体を相互作用する全体的システムとして捉える身体性認知の考え方が提唱された（樋口・森岡，2008, p. 12）[41]．

　前述の心のモジュールはあくまでも心の動きであり，外部からの刺激に対する内的な反応である．それに対し，身体性認知は，外的な活動（運動）による

環境との「相互作用」によって認識が行われるという立場である．シュミット
は，この身体性認知から戦略的経験価値モジュール（SEM）の ACT（行動的／
肉体的経験価値）の ACT モジュールを導入した．

（4）マーケティングへの認知科学の活用

　以上のようにシュミットは，ピンカーの 4 つの心のモジュールと身体性認知
の概念を組み合わせ，5 つの戦略的経験価値モジュール（SEM）を導出した．

　戦略的経験価値モジュール（SEM）は，人間の認知の仕組みの理論を応用し
て，「エクスペリエンス」を分類したものである．戦略的経験価値モジュール
（SEM）を定義することによって「エクスペリエンス」に対して，具体的な分
類を示し，より扱いやすくすることを提案している．その分類の際に認知科学
の用語である「モジュール」を流用し，「ある程度独立性のある単位」として，
戦略的経験価値モジュール（SEM: Strategic Experiential Modules）という用語を
生み出している．

　つまり，シュミットは，認知科学・進化心理学の概念・視点をマーケティン
グに活用することを提案しているのである（Schmitt, 1999, 邦訳 p. 50）[1]．

　戦略的経験価値モジュール（SEM）は，本来「エクスペリエンス」を戦略的
に使用可能なように分類したものである，という点に注意が必要である．戦略
的経験価値モジュール（SEM）は，経験価値の分類ではなくて，「エクスペリ
エンス」の分類であり，消費者のどんな「エクスペリエンス」に訴求するかを
デザインするためのツールである（図1‐4）．

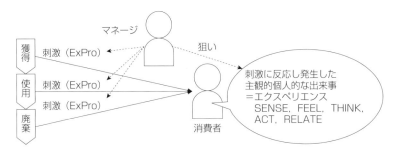

図1‐4　エックスプロ（ExPro）と戦略的経験価値モジュール（SEM）を活
　　　　用したエクスペリエンシャル・マーケティング（Experiential Market-
　　　　ing）（邦訳「経験価値マーケティング」）

出所：長沢伸也・大津真一（2010）前掲稿, p. 76, 図 5．

お わ り に

　本章および次章では，「エクスペリエンス（経験・体験）」と「経験価値マーケティング」を取り上げて解説している．

　まず本章では，「経験価値ないしは顧客経験／顧客体験（CX）」の概念および「戦略的経験価値モジュール（SEM）」について再考した．

　本章では，まず，シュミットが提唱した "experiences" の概念そのものについて，筆者らが整理し再定義を行った内容を紹介した．さらにこの「エクスペリエンス」を生み出す「刺激＝エックスプロ（ExPro）」にアフォーダンスからの説明を行い，戦略的経験価値モジュール（SEM）は，「心のモジュール性」と「身体性認知（Embodied Cognition）」の二つの認知科学の概念から導出されていることを示した．

　そして，「エクスペリエンシャル・マーケティング（Experiential Marketing）」について再整理した上で，「エクスペリエンス」をアフォードする刺激としての「エックスプロ」を，アフォーダンスとして認識しデザインすることによりマネージすることができるという考え方が本質であることを明らかにした．

　付記　本章は，大津・長沢（2010）[11]，長沢・大津（2010）[27]，長沢・大津（2011）[28]，長沢（2019）[22]，長沢（2019）[48]などに基づいている．

参 考 文 献

［１］　Schmitt, Bernd H.: *Experiential Marketing: How to Get Customers to Sense, Feel, Think, Act, and Relate to Your Company and Brands,* Free Press, 1999.（嶋村和恵・広瀬盛一共訳，経験価値マーケティング——消費者が「何か」を感じるプラス α の魅力——，ダイヤモンド社，2000）.

［２］　Schmitt, Bernd H.: *Customer Experience Management: A Revolutionary Approach to Connecting with Your Customers,* John Wiley & Sons, 2003.（嶋村和恵・広瀬盛一共訳，経験価値マネジメント——マーケティングは，製品からエクスペリエンスへ——，ダイヤモンド社，2005）.

［３］　香林愛子：そのサービス，誰の心に響いていますか？，日本ユニシス BITS2018 フォーラム資料，2018.

［４］　長沢伸也編著：WBS 長沢研究室（山本太朗・吉田政彦・入澤裕介・山本典弘・榎新二）共著，ヒットを生む経験価値創造——感性を揺さぶるものづくり——，日科技連出版社，2005.

［ 5 ］　恩藏直人：コモディティ化市場のマーケティング論理，有斐閣，2007.

［ 6 ］　Holbrook, Morris, and Elisabeth Hirschmann: The Experimental Aspects of Consumption: Consumer Fantasies, Feelings and Fun, *Journal of Consumer Research*, September, Vol. 9, No. 2, pp. 132-140, 1982.

［ 7 ］　Kotler, Philip: *Marketing Management: Millennium Edition: International Edition*, Pearson, 1999.（恩藏直人監訳，月谷真紀訳，コトラーのマーケティング・マネジメント　基本編，ピアソン・エデュケーション，2000）.

［ 8 ］　Kotler, Philip, and Keller, Kevin L.: *Marketing Management, 12th Edition*, Pearson Education, 2006.（恩藏直人監訳，月谷真紀訳，コトラー＆ケラーのマーケティング・マネジメント　第12版，丸善出版，2014）.

［ 9 ］　Pine Ⅱ, B. Joseph, and Gilmore, James H.: *The Experience Economy*, Harvard Business School Press, 1999.（岡本慶一・小髙尚子訳，新訳　経験経済，ダイヤモンド社，2005）.

［10］　大津真一・長沢伸也：RELATE（関係的経験価値）に着目した経験価値分析――消費者が求める "つながり感" の本質――，商品開発・管理学会第 8 回全国大会（平成19度春季）講演論文集，pp. 65-70，2007.

［11］　大津真一・長沢伸也：経験価値マーケティングの再考――消費者経験視点による差別化戦略――，商品開発・管理学会第14回全国大会講演・論文集，pp. 124-129，2010a.

［12］　大津真一・長沢伸也：消費者の行動経験による差異化戦略――身体的認知（Enbodied Cognition）と行動的経験価値――，第15回商品開発・管理学会創立10周年記念全国大会講演・論文集，pp. 22-29，2010b.

［13］　大津真一・長沢伸也：消費者の行動経験による差異化戦略――身体性認知（Embodied Cognition）と行動的経験価値――，早稲田国際経営研究，No. 42, pp. 145-152，2011.

［14］　長沢伸也編著：WBS 長沢研究室（入澤裕介・染谷高士・土田哲平）共著，老舗ブランド企業の経験価値創造――顧客との出会いのデザイン マネジメント――，同友館，2006.

［15］　長沢伸也編著：WBS 長沢研究室（藤原亨・山本典弘）共著，経験価値ものづくり――ブランド価値とヒットを生む「こと」づくり――，日科技連出版社，2007a.

［16］　長沢伸也：「技術経営（MOT）と経験価値」，商品開発・管理学会編，商品開発・管理入門所収，中央経済社，pp. 181-197，2007b.

［17］　長沢伸也：商品デザインと経験価値，商品開発・管理学会第10回全国大会報告要旨集，pp. 9-15，2008.

［18］　長沢伸也編著：WBS 長沢研究室（植原行洋・須藤雅恵・島田了）共著，地場・伝統産業のプレミアムブランド戦略――経験価値を生む技術経営――，同友館，2009.

［19］　長沢伸也：感性品質と経験価値，流通情報，44(3)，pp. 30-38，2012.

[20]　長沢伸也：感性工学と感性評価と経験価値，経営システム，Vol. 26, No. 1, pp. 2-12，2016.

[21]　長沢伸也：感性工学と感性評価と経験価値，感性工学，Vol. 16, No. 3, pp. 125-132，2018.

[22]　長沢伸也：エクスペリエンス（経験・体験）の基礎──経験価値，経験価値モジュール，行動的経験価値，関係的経験価値の再考──，商品開発・管理研究，15 (2)，pp. 27-52，2019.

[23]　Nagasawa, Shin'ya: Customer Experience Management − Influencing on Human *Kansei* to Management of Technology −, *The TQM Journal,* 20(4), pp. 312-323, 2008.

[24]　Nagasawa, Shin'ya: Affective Design in the Creation of Meaning (Invited Speaker for Keynote Speech), *Abstracts of International Scientific Conference "New Challenges of Economic and Business Development − 2014,"* Plenary Session, pp. 1-38, 2014.

[25]　Nagasawa, Shin'ya: Customer Experience Affecting Human Kansei, Science Journal of Business and Management, 3(2-1), pp. 35-42, 2015.

[26]　長沢伸也・大津真一：経験価値を伝えるマーケティング・コミュニケーションの考察，第9回日本感性工学会大会予稿集，F03, pp. 1-5, 2007.

[27]　長沢伸也・大津真一：経験価値モジュール（SEM）の再考，早稲田国際経営研究，41，pp. 69-77，2010.

[28]　長沢伸也・大津真一：消費者経験視点による差異化戦略──消費者経験概念の再構築──，早稲田国際経営研究，42，pp. 137-143，2011.

[29]　長沢伸也・大津真一：関係的経験価値（RELATE）に着目した経験価値分析──消費者が求める「繋がり感」の本質──，早稲田国際経営研究，50，pp. 15-26，2019.

[30]　入澤裕介・山本典弘・長沢伸也：経験価値とエモーショナル・デザインに関する考察，商品開発・管理学会第14回全国大会講演・論文集，pp. 116-123，2010.

[31]　入澤裕介・山本典弘・長沢伸也：感性商品開発における商品デザインと感性価値の考察──経験価値・感性・エモーショナルデザインの関係性──，日本感性工学会誌，16(3)，pp. 133-139，2018.

[32]　入澤裕介・長沢伸也：商品開発のための"顧客経験と商品デザインの対応関係"に関する考察──事例分析に基づく顧客経験デザイン理論の検証──，第15回商品開発・管理学会創立10周年記念全国大会講演・論文集，pp. 14-21，2010.

[33]　Irisawa, Yusuke, and Shin'ya Nagasawa: Study for Product Design on Customer Experience − Construction and Examination for Customer Experiential Design by Case Studies −, *Advances in Information Sciences and Service Sciences: An International Journal of Research and Innovation,* 4(14), pp. 234-241, 2012.

[34] Nagasawa, Shin'ya, and Shinichi Otsu: Experience Differentiation Strategy (1) – Concepts of Consumer Experiences –, *Science Journal of Business and Management,* 3(2-1), pp. 73-77, 2015a.

[35] Nagasawa, Shin'ya and Shinichi Otsu: Experience Differentiation Strategy (2) – Focus on Embodied Cognition and ACT Module –, *Science Journal of Business and Management,* 3(2-1), pp. 78-82, 2015b.

[36] Skinner, Burrhus F.: *Science and Human Behavior,* Macmillan, 1953.（河合伊六他共訳，科学と人間行動，二瓶社，2003）.

[37] 小野浩一：行動の基礎 豊かな人間理解のために，培風館，2005.

[38] 平山弘：ブランド価値の創造──情報価値と経験価値の観点から──，晃洋書房，2007.

[39] 平久保仲人：消費者行動論，ダイヤモンド社，2005.

[40] Brakus, J. Joško: Embodied cognition, affordances and mind modularity: using cognitive science to present a theory of consumer experiences, In: Schmitt, Bernd H., and David L. Rogers eds., *Handbook on Brand and Experience Management,* Edward Elgar, pp. 144-162, 2009.

[41] 樋口貴広・森岡周：身体運動学，三輪書店，2008.

[42] 三嶋博之：エコロジカル・マインド──知性と環境をつなぐ心理学──，日本放送出版協会，2000.

[43] Gibson, James J.: *The Ecological Approach to Visual Perception,* Houghton Mifflin, 1979.（古崎敬訳，生態学的視覚論──ヒトの知覚世界を探る──，サイエンス社，1986）.

[44] Brakus, J. Joško, Bernd H. Schmitt, and Lia Zarantonello: Brand Experience: What Is It？How Is It Measured？Does It Affect Loyalty？*Journal of Marketing,* 73, pp. 52-68, 2009.

[45] 石川幹人：心と認知の情報学 ロボットをつくる・人間を知る，勁草書房，2006.

[46] Pinker, Steven: *How the Mind Works* (*English Edition*), Penguin Books, 2003.（椋田直子訳，心の仕組み──人間関係にどう関わるか──〈上〉〈中〉〈下〉，NHK出版，2003）.

[47] 長沢伸也編著：感性をめぐる商品開発──その方法と実際──，日本出版サービス，2002.

[48] 長沢伸也：「エクスペリエンス（経験・体験）」と「経験価値マーケティング」再考（Ⅰ），第21回日本感性工学会大会予稿集，14D-02 pp. 1-7，2019.

第2章 「エクスペリエンス（経験・体験）」と「経験価値マーケティング」再考（II）
──行動的／肉体的経験価値，関係的経験価値を中心として──

大津真一・長沢伸也

はじめに

第1章では，これらのうち，「経験価値ないしは顧客経験／顧客体験（CX）」の概念および「戦略的経験価値モジュール（SEM）」について再考した．

次いで本章では，シュミット（Schmitt, Bernd H.）が提案した5つの戦略的経験価値モジュール（SEM）のうち ACT（行動的／肉体的経験価値）ならびに RELATE（関係的経験価値）を具体的な経験価値として取り上げる．[1,2]

なお，これらを翻訳書で我が国に紹介する際に，翻訳者の嶋村らは "ACT" を翻訳するに当たり，日本語で "肉体的経験価値" と訳した．[1] しかしながら，英語の "act" の翻訳が "肉体的" なのかという素朴な疑問を含めて，"肉体的経験価値" という日本語自体の意味が腹落ちしにくかった側面は否定できないであろう．それ以来，内容だけでなく，用語の使い方も混乱気味であることは注意を要する．

1 ACT（行動的／肉体的経験価値）に関する議論

本章では，シュミットが提案した5つの戦略的経験価値モジュール（SEM）のうち ACT（行動的／肉体的経験価値）を具体的な経験価値として取り上げる．ACT（行動的／肉体的経験価値）は RELATE（関係的経験価値）と同様，5つの戦略的経験価値モジュール（SEM）の中ではわかりにくいといわれており，作り込むことはそもそもできるのか，という声もある（長沢，2007 a, p. 4）．[3]

そこで著者らは，ACT（行動的／肉体的経験価値）について，身体性認知の考え方から再定義した上で，その ACT（行動的／肉体的経験価値）を創造し差異化を実現するための方法論を示した（大津・長沢，2010b；長沢・大津，2011；Nagasawa and Otsu, 2015b）．[4][5][6] 本章ではこれを紹介する．

（1）シュミットによる ACT（行動的／肉体的経験価値）

　シュミットは，ACT（行動的／肉体的経験価値）を「肉体的な経験価値，ライフスタイル，そして他人との相互作用に訴える経験価値」と定義している．このシュミットによる行動的／肉体的経験価値の定義は，「肉体的な経験価値」という概念がわかりにくく，また「他人との相互作用」は，行動的／肉体的経験価値とは関係ないように考えられるため，RELATE（関係的経験価値）と混乱しやすい．この行動的／肉体的経験価値概念の難解さが，適用の困難さに繋がっていると考えられる．

　しかしながら，前章で述べたように，シュミットによれば，ACT（行動的／肉体的経験価値）は身体性認知（Embodied Cognition）という概念から導かれている（Schmitt, 1999, p. 258）[1]．そこで本章では，身体性認知の考え方を再確認することにより ACT（行動的／肉体的経験価値）の内容を再整理する．

（2）ACT（行動的／肉体的経験価値）の再定義

　シュミットは，身体性認知の概念を ACT（行動的／肉体的経験価値）に展開していた．身体性認知は，前項で述べたような生態心理学の考え方が元になっている．そして，生態心理学では，「身体運動が身体と環境の相互作用によって決定される」と捉え，その相互作用における環境側の特性をアフォーダンスと呼んでいる．

　そこで著者らは，この身体性認知の概念から ACT（行動的／肉体的経験価値）を再整理し，以下のように再定義した．

　　消費活動の中での，消費者自身の行動と行動に伴って生じた生理的・心理的活動

　身体運動を通じて環境を認知するという身体性認知の考え方から，「行動」と「行動に伴う生理的・心理的活動」の両方が ACT（行動的／肉体的経験価値）といえる．例えば，走る・座る・掴むといった体の動作や，勉強する・車を運転する・公園に行くといった行動自体と，それらの動作・行動に伴って生じた，気持ち良い・清々しい・楽しいといった感覚・感情の両方が，ACT（行動的／肉体的経験価値）に含まれる．

　この ACT（行動的／肉体的経験価値）の定義は，著者らによるオリジナルの提案である．

（3）ACT（行動的／肉体的経験価値）と製品との相互作用

　身体性認知および生態心理学の考え方で捉えれば，行動的／肉体的経験価値は環境との相互作用によって発生する．製品・サービスの獲得・使用・廃棄という消費者経験の過程で考えると，最も影響を受ける環境は，製品・サービスということになる．つまり，製品・サービスと消費者の相互作用で消費者の行動的／肉体的経験価値が発生する．製品・サービスの使い方によって，動作・行動が発生するし，その使用過程において，楽しい・気持ち良いなどの感情も発生するのである．

　例えば，車のドアを閉めるときの適度な手応えの気持ち良さ，折り畳み携帯を開くときの心地良さなど，商品に関する動作・行動と使用感であり，これが行動的／肉体的経験価値である．そして，この動作と使用感は製品側のデザインが大きく関わっている．任天堂の家庭用ゲーム機 Wii や Switch Sports は，リモコンによる「振る」「回す」「狙いを定める」などのゲームとしての新しい操作を製品側にデザインしている．

　これらのように使うことの喜びと効用を製品にデザインすることを，ノーマン（Norman, Donald A.）は行動的（behavior）デザインと呼び，その重要さを指摘した（Norman, 2004）[7]．また，その使用感を左右・決定する製品側の重要な要素として，アフォーダンスを指摘している（Norman, 1990）[8]．商品デザインの分野では，深澤らもアフォーダンスに言及した上で「行為と相即するデザイン」という表現で，人間の行為に考慮したデザインの重要さを指摘している（深澤・佐々木・後藤，2004, p. 86）[9]．

　以上のように，ノーマンや深澤も，消費者の行動（行動的／肉体的経験価値）の創造のために，製品側にアフォーダンスをデザインすることの重要さを指摘しているといえる（図2-1）．

　著者らは，経験価値創造の事例として，INAX の省空間型トイレ "SATIS"

図2-1　消費者の行動と製品の相互作用

出所：大津真一・長沢伸也（2011）「消費者の行動経験による差異化戦
略―身体性認知（Embodied Cognition）と行動的経験価値
―」，『早稲田国際経営研究』，No. 42, p. 149, 図1.

を取り上げている（長沢, 2005）[10]．製品と行動の相互作用の例として，この事例を再検討する．

　"SATIS" は，INAX（現 LIXIL）が2001年に発売したタンクレストイレである．"SATIS" ではタンクがなくなることにより，奥行サイズを従来の80 cm から65 cm へ15 cm 縮小し，省スペースを実現してトイレ空間内の広がりを実現した．

　従来のタンク式トイレは，タンクに水を補填する機能と兼ねて，手を洗うための水道の機能が存在した．これが，タンクレストイレになることにより，トイレ空間内に別に鏡付き洗面台が設置され，トイレを流すということと手を洗うために水を出すという行為が切り離された．その結果，手を洗うためだけ，化粧を直すためだけにトイレに入るという行動ができるようになったのである．例えば，ホームパーティーなどに招待されたゲストは，トイレを個人になれる空間，身支度を直す空間として利用することができるようになった．また，ホストもそのような使われ方を期待するとともに，トイレに対する意識が「家の中で一番見せたくない場所」から「おもてなし空間」に変わり，来客を敬遠していたのが積極的に客を招くようになった．

　このように "SATIS" は，消費者に対して，新しい行動様式を提供した．消費者は，"SATIS" を使用する中で，新しい行動を経験するのである．これは，製品による行動的／肉体的経験価値創造の例といえる．

（4）ACT（行動的／肉体的経験価値）と状況との相互作用

　前節では，製品・サービスと行動的／肉体的経験価値との相互作用について検討した．身体性認知の，「ACT（行動的／肉体的経験価値）は，環境との相互作用によって発生する」という考え方で捉えた場合に，消費者が影響を受ける環境は，製品・サービスだけではない．製品・サービス以外の環境も存在する．ここでは，製品・サービス以外の環境を「状況」と呼ぶこととする．この「状況」も消費者の行動に影響を与えていると考えられる（図 2 - 2）．

　「状況」には，例えば直接消費している製品・サービス以外の別の製品・サービスや，自分以外の消費者，それまでの背景や知識，タイミングなどが挙げることができる．製品・サービス以外の消費活動に関する要素すべてが該当する．製品・サービス以外で，消費者が認知している要素はすべて状況という概念に含んでいるといえる．「状況」は，先に示した「経験」概念の 3 つの特徴の一つである「主観性（消費者の自分自身の身の周りに発生し直接接した状況の中）」

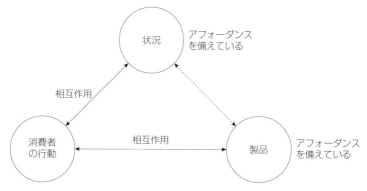

図2-2　消費者の行動と状況

出所：大津真一・長沢伸也（2011）前掲稿，p. 150，図2.

にもあるように，行動的／肉体的経験価値だけはなく，「経験」全体において
も重要な要素である．

　具体的には，お腹がすいているという状況は，食べるという行動を導くし，
友達に誘われたという状況は，映画を観に行く行動を導くかもしれない．一人
で食事をすることと二人で食事をする状況の違いは，食べるという行動の際の，
感情・気持ちに違いをもたらす場合がある．

　満員電車とほとんど空席の電車は，電車に乗る際の気持ちに違いをもたらす．
さらには，同じほとんど空席の電車でも，昼間に乗るのと，夜中に乗るという
時間の状況の違いでは，乗るという行動の際の気持ちに違いをもたらすかもし
れない．

　以上のように，消費活動を行う際の「状況」も行動自体や行動をした際の感
情・感覚に影響を与えるのである．

　事例として，著者らが経験価値創造の事例として取り上げたアルビレックス
新潟の事例（長沢, 2005）[10]を，状況と行動的／肉体的経験価値の観点から再検討
する．

　アルビレックスにおける ACT（行動的／肉体的経験価値）は，「4万人のスタ
ジアムの中で，一緒に応援する」といういわゆるお祭り体験である．4万人で
一緒の応援をするという行動とその時の興奮した気持ちの両方により特別な経
験となっている．この ACT（行動的／肉体的経験価値）は，4万人満員のスタジ
アムという点に ACT（行動的／肉体的経験価値）創造のポイントがある．この場
合のポイントは，商品そのものではなくて，「状況」であると考えられる．

　アルビレックス新潟は，4万人が入るスタジアムがあるなら4万人動員することから始めようと考え，4万人の熱狂空間の作り込みを行った．4万人の熱狂体験を創り出し地域住民に理解してもらうために，無料招待券の大量配布を実施した．もちろん，無料で配ることと実際に来場することとは直接は繋がらない．Jリーグでは，各チームが無料招待券で失敗しているとさえいわれていた．しかし，アルビレックスは，町内会経由で実際に行きたい人に配布したり，教育委員会に協力してもらったりするなどして，さまざまな工夫を行った．その結果「4万人満員のスタジアム」という状況を最初から創り出すことに成功した．そして，ただサッカーを見に行って応援するという経験ではなくて，4万人満員のスタジアムで大きな声援と一体感の中でサッカーを観戦するという特別な行動経験を導き，サッカー観戦経験を魅力あるものにしたのである．

　以上，アルビレックス新潟の事例は，商品（サッカーの試合）そのものでではなく，状況が導いた行動的／肉体的経験価値の例といえる．

（5）ACT（行動的／肉体的経験価値）の作り込み方法の提案

　以上，ACT（行動的／肉体的経験価値）を創造するには，①「製品・サービス」自体に行動経験を導く要素をデザインする，②消費活動の際の「状況」に行動経験を導く要素をデザインする，の2つのポイントがあることを指摘した．

　「製品・サービス」に直接的に行動経験の要素をデザインすることは，ノーマンや深澤らによって，従来，提案されてきた．これがACT（行動的／肉体的経験価値）を作り込むための一つの方法である．しかし，これまで「製品・サービス」以外の環境要素（＝状況）については，十分言及されてはいなかった．ACT（行動的／肉体的経験価値）を創造し差異化するためには，製品・サービスだけではなく，状況も併せて作り込むことが望ましいと考えられる．行動的経験の価値を差異化する状況要素は，アルビレックスの例では，「4万人満員のスタジアム」であった．

　状況を作り込むとは，特別な状況を導くということである．特別な状況における経験は特別な経験となる．特別な状況とは，例えば，非常識な状況，非日常な状況などが考えられる．

　非常識な状況の一つとしては，到達容易性（accessibility）が下がる状況，逆にいうと到達困難性（inaccessibility）を高めた状況，が考えられる．消費者に対しては到達容易性を上げていくことが従来のマーケティング理論の考え方で

あった．消費者に対して，流通チャネルの拡大などで，できるだけ製品を入手しやすくするということである．しかし，非常識な状況を作り込むには，あえて到達困難性を高めた状況に製品・サービスを置く，という方法が考えられる．例えば，行きにくい場所にあるレストランや，行列のできるラーメン屋などである．行列になるということは，消費者にとっては，待つという行為が発生し，到達容易性が下がる．その到達容易性が下がった特別な状況において，特別な経験が生まれる．「時間がかかる」「不便である」という一見常識とは反対の状況が，価値ある特別な経験を生み出す場合がある．

　非日常的な状況とは，通常の生活では体験しえない状況である．例えば，「4万人満員のスタジアム」というアルビレックスのケースが該当する．日常と異なる環境に置かれるということが，非日常的な状況である．海外旅行において日本語が通じない状況は，普段日本語が通じることを日常としている日本人にとって，非日常的な状況である．その状況によって，日本語以外でコミュニケーションを図る必要が発生し，日本語以外でコミュニケーションを図るという行動経験が導かれる．また，例えば，京都の高級旅館「星のや京都」は，車で行くことができず，嵐山の船着き場から船で宿へ渡る必要がある．車を使えないという到達容易性を下げた非常識な状況を創り出すとともに，渡し船で行くという非日常的な経験を演出している．

　これらのような特別な状況が，特別な行動経験を導いている．製品・サービス自体に行動経験を導く要素をデザインするとともに，消費活動の際の「状況」を特別な状況にし，行動経験を導く要素として如何に演出するか，ここにACT（行動的／肉体的経験価値）による差異化のポイントがあると考えられる．

関係的経験価値（RELATE）に関する議論

　本章では，シュミットが提案した5つの戦略的経験価値モジュール（SEM）のうちRELATE（関係的経験価値）を具体的な経験価値として取り上げる．RELATE（関係的経験価値）もACT（行動的／肉体的経験価値）同様，5つの戦略的経験価値モジュール（SEM）の中ではわかりにくいといわれており，作り込むことはそもそもできるのか，という声もある（長沢，2007 a, p. 4）.[3]

　そこで著者らは，RELATE（関係的経験価値）についても取り上げ，議論した上で再定義を行い，消費者行動論およびブランド論からのからの検証を行った．

そして，RELATE（関係的経験価値）の事例を分析・分類することによって RE-LATE（関係的経験価値）自体の類型化を試みた（大津・長沢，2007；長沢・大津，2019）[11][12]．本章ではこれを紹介する．

（1）シュミットによる RELATE（関係的経験価値）

RELATE（関係的経験価値）とは，消費者が自分を理想像，他の人，特定のグループ，特定の文化と関連付ける経験のことである（Schmitt, 1999）[1]．消費者にとっては，これらの対象に自分を関連付ける経験が心地良いのである．

図2-3は，関連付けのイメージを図示したものである．

① 理想像：理想像との関連付けとは，例えばティーンエイジャーが自分もそうなりたいとアイドルやモデルに憧れることである．あるいは，大人でも，理想のライフスタイルを実践している人や，ビジネスで成功している人に憧れるケースがある．ベンチャービジネス起業家で成功者は，一時期，学生の憧れであったし，さまざまな趣味の世界でも「カリスマ」と呼ばれるような憧れの対象がそれぞれ存在する．

② 他の人：他の人との関連付けとは，文字通り他の人との1対1の関係であ

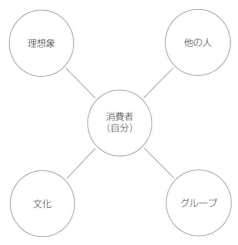

図2-3　消費者と関連付け対象のイメージ

出所：長沢伸也・大津真一（2019）「関係的経験価値
　　　（RELATE）に着目した経験価値分析─消費者が求
　　　める「繋がり感」の本質─」，早稲田国際経営研究，
　　　No. 50, p. 4, 図1.

る．友達や家族・恋人，同僚・同期・クラスメイト，先輩・後輩，師匠・弟子，ライバル・戦友など，人の関係を示す言葉の数だけ種類が存在し，またその経験が存在するといえる．古くはアリストテレスが「人間は社会的動物である」とも述べたように，他人と関係を持つことは人間の根源的な欲求に近いと考えられる．

③ 特定のグループ：特定のグループとの関連付けも，非常に多く存在する．学会に所属するということもそうであるし，会社や学校に所属する，サークルに所属するということもグループとの関連付けである．実際に所属していなくても，「BMW を買ったので富裕層の仲間入りができた」とか，「京都の一力でお茶屋さん遊びをしたので，これで京都通（つう）だ」というような，いわゆる仮想グループへの所属意識もグループとの関連付けといえる．

④ 特定の文化：特定の文化と関連付けるケースでは，例えば海外旅行がまだ一般的ではなかった高度成長期の日本におけるマクドナルドが挙げられる．欧米の文化への憧れが強かった当時，マクドナルドはアメリカ文化の象徴でもあり，マクドナルドを利用することは，アメリカ文化と自分を関連付ける意味もあったのである．現在でも，京都文化であったりパリの文化であったりと，人々が魅力を感じ，興味を持っている文化が存在する．また地元の文化を愛する地元意識・地域意識も，文化との関連付けの一つであると解釈できる．さらに，企業視点で見ると，"WACOAL DIA" のケース（長沢, 2007a, pp. 100-101）[3]のようにフラッグシップショップ（旗艦店）を銀座 7 丁目の並木通り（現在は銀座 6 丁目の西五番街）に置くことも，消費者の銀座という特定の文化との関連付け欲求に訴求しているといえる．

（2）顧客接点のマネジメントとの違い

　RELATE（関係的経験価値）とは，顧客接点のマネジメントのことではない．しかし，言葉の持つイメージから，売り手と買い手の関係性に関連すると解釈されることがある．例えば，リレーションシップ・マーケティング（関係性マーケティング）と混同されることがある．

　リレーションシップ・マーケティングの目的は，売り手と顧客，供給業者，流通業者といった重要なグループとの間に，長期間にわたってお互いに満足のいく関係を築くことである（Kotler, 1999, 邦訳 p. 10）[13]．

　しかし，RELATE（関係的経験価値）についてのシュミットの主張はそれとは

異なり，買い手と「準拠集団（理想像，他の人，特定のグループ，特定の文化）」との関連性を扱っている．この点が，RELATE（関係的経験価値）とリレーションシップ・マーケティングとの違いである．

（3）消費者行動論からの ACT（行動的／肉体的経験価値）と RELATE（関係的経験価値）の検証──セルフイメージ──

　まず，RELATE（関係的経験価値）と関連する ACT（行動的／肉体的経験価値）についても確認しておく．シュミットも，SENSE（感覚的経験価値）／FEEL（情緒的経験価値）／THINK（知的経験価値）を個人的な経験価値，ACT（行動的／肉体的経験価値）／RELATE（関係的経験価値）を共有された社会文化的な価値と呼び，区別している（(Schmitt, 1999, 邦訳 pp. 264-265)[1]．

　ACT（行動的／肉体的経験価値）は，今までとは違うライフスタイルにより消費者の経験が豊かになる経験のことである（Schmitt, 1999, 邦訳 p. 96-97)[1]．ライフスタイルは，他の人の目に触れるものであり，消費者は自分たちのライフスタイル行動を使って自己イメージと価値観を示している．

　さて，消費者行動論から，RELATE（関係的経験価値）および ACT（行動的／肉体的経験価値）を説明することができる．

　消費者行動論において，ライフスタイルとは，個人の価値観とパーソナリティを明示する具体的な行動と説明されている（平久保，2005, p. 34)[14]．また，「準拠集団（Reference Group)」は，個人が態度や価値感を形成する拠り所となる，あるいは自分の態度や価値観，行動と照らし合わせてみるグループのことである（平久保，2005, pp. 185-189)[14]．さらに，消費者行動論ではセルフイメージという概念があり，消費は理想の自分に近づくために購買をし，他人の目に映るセルフイメージも消費者にとっては大切であると説明されている（平久保，2005, pp. 55-59)[14]．

　これらを経験価値の点から分析すると，消費者の購買理由の一つにセルフイメージの実現欲求があり，そのセルフイメージ実現手段が，ACT（行動的／肉体的経験価値）の概念の基本となる「ライフスタイル」と，RELATE（関係的経験価値）の本質である「準拠集団」であると解釈できる．

　以上のように，消費者行動論のセルフイメージ概念によって，RELATE（関係的経験価値）および ACT（行動的／肉体的経験価値）を説明することができる．

（4）ブランド論からの ACT（行動的／肉体的経験価値）・RELATE（関係的経験価値）の検証──情緒的便益──

　ブランド論からも，RELATE（関係的経験価値）および ACT（行動的／肉体的経験価値）を説明することができる.

　タイボー（Tybout, Alice M.）らは，ブランドの提供する便益には，機能的便益と情緒的便益とがあり，情緒的便益の中には「自己実現や自分の成長」や「他者との関係」が含まれると述べている（Tybout and Calkins, 2005, 邦訳 pp. 22-24）[15].「自己実現や自分の成長」の例としてスターバックスを，また「他者との関係」の例としてハーレーダヴィッドソンを挙げて，それぞれ以下のように述べている.

> 　自分の好みに応じて注文した一杯のラテを，座り心地の良いソファーで，BGM のジャズを聴きながら飲むひとときに価値を見出している. 彼らにとって自分へのご褒美であり自分のライフスタイルの一部なのだ.
> 　ハーレーダヴィッドソンは，顧客を「ワイルドで逞しい，自立した男」であり，ハーレーオーナーズクラブのような仲間たちとの出会いの場を楽しむ人たちだと規定している（タイボーら，2006, p. 23）[15].

　これらを経験価値で分析すると，スターバックスで珈琲を飲むライフスタイルは ACT（行動的／肉体的経験価値）であり，ハーレーダヴィッドソンのオーナーズクラブでの仲間との繋がりは RELATE（関係的経験価値）に相当する.

　以上のように，RELATE（関係的経験価値）および ACT（行動的／肉体的経験価値）は，ブランドが提供する情緒的便益に該当すると説明することができる.

（5）RELATE（関係的経験価値）の類型化と事例

　さらに著者らは，RELATE（関係的経験価値）の具体性を高めるため，事例を分析した結果から表 2 - 1 に示すような「一方的同一視（One-way overlap）」，「双方向同一視（Sympathy）」，および「外部認知グループ（Symbol Group）」の 3 つのタイプに類型化することを提案した.

① RELATE（関係的経験価値）のタイプ 1：一方的同一視

　RELATE（関係的経験価値）の 3 つのタイプのうち，タイプ 1：一方的同一視（One-way overlap）は，消費者が特定の対象に対して自分を一方的に同一視す

表 2-1　RELATE（関係的経験価値）の類型化
（3つのタイプ）

類型	内容
タイプ1	一方的同一視（One-way overlap）
タイプ2	双方向同一視（Sympathy）
タイプ3	外部認知グループ（Symbol Group）

出所：長沢伸也・大津真一（2019）前掲稿，p. 6，表2.

ることである．一方的という意味は，対象からは消費者を同一視していないということである．図示すると図2-4のようになる．

　一方的同一視の具体的感情としては，憧れ・共感・同情・代理・代弁などがある．

　シュミットが取り上げているカリスマ主婦「マーサ・スチュアート」の事例は，日本では「栗原ひとみ」に相当する存在で，主婦の憧れとなっている．片付けコンサルタントの「コンマリ（近藤麻理恵）」，中高年男性における「高倉健」やパンツェネッタ・ジローラモに代表される「チョイ不良^{ワル}おやじ」，若い女性における「安室奈美恵」なども憧れのケースといえる．カリスマによるノウハウ書を読んで実践したり，東映任侠映画のヒーローのように肩で風を切って歩いたり，憧れのスターのファッションを取り入れたりするなど，消費者が「彼，彼女のようになりたい」と思い，部分的であっても取り入れたり真似をする対象に，この価値がある．

　また，一時期の阪神タイガース球団のようになかなか勝てないチームを応援するのもこれに当たる．阪神タイガース球団は，セントラル・リーグでは唯一関西に本拠地をおく球団であり，関西圏において圧倒的な人気を誇る．その一

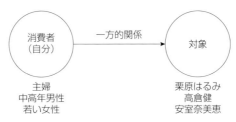

図 2-4　RELATE（関係的経験価値）のタイプ
1：一方的同一視（One-way overlap）
出所：長沢伸也・大津真一（2019）前掲稿，p. 7，図2.

方で，球団内の内紛が多く，リーグ優勝や日本一となったこともあるにもかかわらず，なかなか本来の力を発揮できないので，熱心なファンは「贔屓の引き倒し」的に苛立ちながらも応援を続ける．また，時代劇映画などの斬られ役専門俳優で「5 万回斬られた男」「代表作なし」という福本清三に共感したりするのもこれに当たる．たとえ陽が当たらなくても，真面目にコツコツと働いている下積みや裏方の人を「いつかは評価される」といって，なかなか上手くいかない自分の人生と重ね合わせることは，憧れとはまた違う判官贔屓的な「同情」や「共感」による一方的同一視である．

　自分ができないことを代わりに実行してもらうことも，「代理」や「代弁」による一方的同一視のケースである．「007 ジェームズ・ボンド」のように知力・体力と秘密兵器を駆使して悪者をやっつけ，かつ女性にもてる映画のヒーローは，その典型である．また，日本人初のノーベル賞受賞者「湯川秀樹博士」，外国人プロレスラーを空手チョップで薙ぎ倒していった「力道山」，日本人野球選手が本場のアメリカ大リーグで通用することを示した「野茂英雄」や「イチロー」，「大谷祥平」，クラシック界の「小澤征爾」，ファッション界の「森英恵（ハナエモリ［HANAE MORI］）」，「川久保玲（コム・デ・ギャルソン［COMME des GARÇONS］）」，「山本耀司（ヨウジヤマモト［Yohji Yamamoto］）」なども，日本・日本人における一方的同一視のケースといえる．

② RELATE（関係的経験価値）のタイプ 2：双方向同一視

　RELATE（関係的経験価値）の 3 つのタイプのうち，タイプ 2：双方向同一視（Sympathy）は，消費者が特定の対象に対し自分を同一視し，かつ対象も自分を同一視していることである．図 2-5 のように双方向的関係であることが，

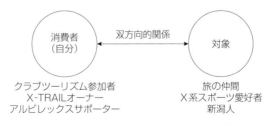

図 2-5　RELATE（関係的経験価値）のタイプ 2：双
　　　　方向同一視（Sympathy）

出所：長沢伸也・大津真一（2019）前掲稿，p. 8，図 3.

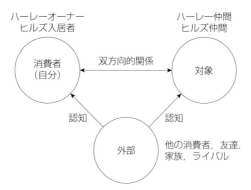

図 2 - 6　RELATE（関係的経験価値）のタイプ
3：外部認知グループ（Symbol Group）
出所：長沢伸也・大津真一（2019）前掲稿，p. 9，図 4．

タイプ 1 とは異なる点である．

　この関係では，仲間であることの心地良さを求め，仲間同士の連帯感が第一の価値観であり，外部からどのように見られるかにはそれほど関心がない．

　例えば，「仲間旅」をコンセプトとするクラブツーリズム，友人との繋がりを可視化した Facebook などの SNS，X 系スポーツ（スノーボード，サーフィン，マウンテンバイクなどの野外スポーツ）愛好者という仲間感を持たせた日産 X-TRAIL，地元密着のサッカーチームであるアルビレックス新潟などの事例が該当する．

　クラブツーリズムは，そのロゴそのものに「仲間が広がる，旅が深まる」というフレーズを入れているように，仲間旅であることを価値の中心にしている．日産 X-TRAIL も「Join the X-TRAIL」「Join the X-session」といった「Join」をキーワードにしたプロモーションを展開しており，「Join＝仲間になる」という点を強調して消費者に訴求している（長沢，2005, pp. 136-165）[10]．

　クラブツーリズム，日産 X-TRAIL ともにタイプ 2：双方向同一視の事例といえる．

③ RELATE（関係的経験価値）のタイプ 3：外部認知グループ

　RELATE（関係的経験価値）の 3 つのタイプのうち，タイプ 3：外部認知グループ（Symbol Group）は，タイプ 2 の連帯感を持ったグループやコミュニティー，あるいは社会的カテゴリーが，外部からも認知されて，認知されるこ

とに価値が発生する場合である．図2-6に示す通り，消費者と対象の双方向関係がさらに外部から認識される点が，タイプ2と異なる．

ここでの外部とは，消費者と対象がつくるグループの外側にいる消費者であり，ハーレーダヴィッドソンの例でいえば，ハーレーに乗っていない消費者のことである．

このタイプ3は，外部からも一つのカテゴリーのメンバーとして認識されることが心地良く，そのため価値がある．商品が，消費者のアイデンティティーを外部へ示すシンボルとなっているのである．

例えば，ポルシェ，ハーレーなどのブランドが該当する．あるいは，ヒルズ族，シロガネーゼなどの社会的カテゴリーも外部からそう認知されることに価値があり，タイプ3に該当する．

（6）RELATE（関係的経験価値）の類型化に関する考察

以上，必ずしも明確ではなかったRELATE（関係的経験価値）について，3つの具体的なタイプへの類型化を行った．

ここでは，それぞれの特徴と価値創造のポイントについて考察する．

なお，この3つのタイプは，どれが良いというものではなく，どれを目指すかという違いと捉えることができる．マーケターにとっては，商品に対しどのようなRELATE（関係的経験価値）を創り込むかを検討する際に，このタイプ分類を参考にすることができる．

① RELATE（関係的経験価値）のタイプ1：一方的同一視

RELATE（関係的経験価値）の3つのタイプの内，タイプ1：一方的同一視（One-way overlap）では，その対象の魅力がどれだけ持続するかがRELATE（関係的経験価値）の持続性に繋がる．いわゆるアイドルは，一方的同一視の典型例ということができる．一人のアイドル（同一視の対象）の魅力が持続すればそれだけ価値が続くが，魅力が持続しない場合，新しい魅力を持ったアイドルを次々と生み出していく，あるいはイメージチェンジを図るという戦略が考えられる．グループであれば，メンバーを入れ替えるという戦略が考えられる．

② RELATE（関係的経験価値）のタイプ2：双方向同一視

RELATE（関係的経験価値）の3つのタイプの内，タイプ2：双方向同一視

（Sympathy）は，同じ価値観を持った消費者を結び付けることにより，RE-LATE（関係的経験価値）を創り出す．タイプ3に比べて外部からの認証は必要ないため，比較的容易に創り出すことができる．

　ここでのポイントは，同一視の軸となる価値観が，どれぐらい共有・共感できるかにある．

　日産 X-TRAIL のケースでは，商品と X 系スポーツの価値観を結び付けたことに RELATE（関係的経験価値）創造のポイントがある．また，アルビレックス新潟という地域密着スポーツは，地元意識という価値観の共有・共感を軸にしている．

③RELATE（関係的経験価値）のタイプ3：外部認知グループ

　RELATE（関係的経験価値）の3つのタイプの内，タイプ3：外部認知グループ（Symbol Group）は，そのグループ・カテゴリーが，社会的認知を受ける必要がある．価値のある社会的認知を創り出し維持できれば，RELATE（関係的経験価値）も持続していく．ただし，認知をコントロールできず，社会的認知がマイナスのイメージになってしまった場合，RELATE（関係的経験価値）も下がってしまう．エルメス［Hermès］やルイヴィトン［Louis Vuitton］などのラグジュアリーブランドは，社会的認知を維持している例といえる．トヨタによるレクサス［Lexus］が日本で展開された2005年当時の苦戦は，販売店を一挙に150店舗と拡大し過ぎたために，認知度自体は上がったものの，タイプ3のような社会的認知の価値を構築できなかった例と分析することができる．

おわりに

　筆者らは，シュミットが提案した「経験価値」および「戦略的経験価値モジュール（SEM）」について，シュミットが何に基づいて提案したかという理論的背景から再整理した上で，必ずしも十分には明確にはなっていない ACT（行動的／肉体的経験価値）と RELATE（関係的経験価値）について体系的に整理し，幾つかの提案を行ってきた．本章では，これらについて紹介した．

　本章では，まず，シュミットが提案した5つの戦略的経験価値モジュール（SEM）のうち，わかりにくいといわれている ACT（行動的／肉体的経験価値）について，その内容と創造の仕組みを身体性認知および生態心理学，アフォーダ

ンスの観点から説明し再定義した内容を紹介した．これと製品および状況との相互作用を議論した上で，ACT（行動的／肉体的経験価値）の創造には，①「製品・サービス」自体に行動経験を導く要素をデザインする，②消費活動の際の「状況」に行動経験を導く要素をデザインする，の2つのポイントがあることを指摘した．そして特別な行動経験を導く状況の作り込みには，非常識な状況・非日常な状況を作り込むという考え方があることを示した．

　さらに，シュミットが提案した5つの戦略的経験価値モジュール（SEM）のうち，やはりわかりにくいといわれているRELATE（関係的経験価値）について議論した上で再定義し，消費者行動論／ブランド論からその意味を検証した内容を紹介した．また，RELATE（関係的経験価値）の事例を分析・分類することによって，これには，①一方的同一視，②双方向同一視，③外部認知グループ，の3つのタイプがあることを示した．

　本章で紹介した戦略的経験価値モジュール（SEM）とエックスプロ（ExPro）の概念，ACT（行動的／肉体的経験価値）を導く2つのポイント，およびRELATE（関係的経験価値）の3つのタイプは，マーケター（マーケティング提供者）が経験価値マーケティングを理解し，「エクスペリエンス（経験価値）」を具体的に創り込む際の理解の助けになると考えられる．

　付記　本章は，長沢（2019a），長沢（2019b），長沢（2019c）などに基づいている．

参 考 文 献

［1］　Schmitt, Bernd H.: Experiential Marketing: *How to Get Customers to Sense, Feel, Think, Act, and Relate to Your Company and Brands,* Free Press, 1999. （嶋村和恵・広瀬盛一共訳，経験価値マーケティング――消費者が「何か」を感じるプラス α の魅力――，ダイヤモンド社，2000）．

［2］　Schmitt, Bernd H.: *Customer Experience Management: A Revolutionary Approach to Connecting with Your Customers,* John Wiley & Sons, 2003. （嶋村和恵・広瀬盛一共訳『経験価値マネジメント――マーケティングは，製品からエクスペリエンスへ――』，ダイヤモンド社，2005）．

［3］　長沢伸也編著：WBS長沢研究室（藤原亨・山本典弘）共著，経験価値ものづくり――ブランド価値とヒットを生む「こと」づくり――，日科技連出版社，2007a．

［4］　大津真一・長沢伸也：消費者の行動経験による差異化戦略――身体的認知（Enbodied Cognition）と行動的経験価値――，第15回商品開発・管理学会創立10周年記念全国大会講演・論文集，pp. 22-29, 2010b．

〔5〕 長沢伸也・大津真一：消費者経験視点による差異化戦略——消費者経験概念の再構築——，早稲田国際経営研究，42，pp. 137-143，2011.

〔6〕 Nagasawa, Shin'ya and Shinichi Otsu: Experience Differentiation Strategy（2） ‐ Focus on Embodied Cognition and ACT Module ‐, *Science Journal of Business and Management,* 3(2-1), pp. 78-82, 2015b.

〔7〕 Norman, Donald A.: *Emotional Design: Why We Love（or Hate）Everyday Things,* Basic Books, 2004.（岡本明・安村通晃・伊賀聡一郎・上野晶子訳，エモーショナルデザイン，新曜社，2004）.

〔8〕 Norman, Donald A.: *Design of Everyday Things,* Doubleday Business, 1990.（野島久雄訳，誰のためのデザイン？　認知科学者のデザイン原論，新曜社，1990）.

〔9〕 深澤直人・佐々木正人・後藤武：デザインの生態学，東京書籍，2004.

〔10〕 長沢伸也編著：WBS 長沢研究室（山本太朗・吉田政彦・入澤裕介・山本典弘・榎新二）共著，ヒットを生む経験価値創造——感性を揺さぶるものづくり——，日科技連出版社，2005.

〔11〕 大津真一・長沢伸也：RELATE（関係的経験価値）に着目した経験価値分析——消費者が求める"つながり感"の本質——，商品開発・管理学会第8回全国大会（平成19年度春季）講演論文集，pp. 65-70, 2007.

〔12〕 長沢伸也・大津真一：関係的経験価値（RELATE）に着目した経験価値分析——消費者が求める「繋がり感」の本質——，早稲田国際経営研究，50，pp. 15-26，2019.

〔13〕 Kotler, Philip: *Marketing Management: Millennium Edition: International Edition, Pearson,* 1999.（恩藏直人監訳，月谷真紀訳，コトラーのマーケティング・マネジメント 基本編，ピアソン・エデュケーション，2000）.

〔14〕 平久保仲人：『消費者行動論』ダイヤモンド社，2005.

〔15〕 Tybout, Alice M., and Tim Calkins eds.: *Kellogg on Branding: The Marketing Faculty of The Kellogg School of Management,* Wiley, 2005（小林保彦・広瀬哲治監修，電通 IMC プランニングセンター訳，ケロッグ経営大学院ブランド実践講座——戦略の実行を支える20の視点——，ダイヤモンド社，2006）.

〔16〕 長沢伸也：「エクスペリエンス（経験・体験）」と「経験価値マーケティング」再考（Ⅰ），第21回日本感性工学会大会予稿集，14D-02 pp. 1-7，2019a.

〔17〕 長沢伸也：同（Ⅱ），同上，14D-03 pp. 1-9，2019b.

〔18〕 長沢伸也：「エクスペリエンス（経験・体験）」の基礎——経験価値，経験価値モジュール，行動的経験価値，関係的経験価値の再考——，商品開発・管理研究，15（2），pp. 27-52，2019c.

第3章　商品の感性的価格判断
——心的モノサシ理論による説明——

竹村和久・劉　放

はじめに

　人々の経済行動においては，価格は，非常に重要な判断要素になっている．いくら品質がいいと判断したブランドであっても，割高だと判断されたものは購買されないし，高級ブランドであっても割安だと判断されれば購買につながったりする．例えば，100円ショップで100円のペットボトル飲料が高いと思う一方で，デパートで500円のペットボトル飲料が安いと判断したりすることもあるのである．青木は，価格に関する消費者の情報処理過程を示している[1]．これによると，ブランドの価格の情報は，消費者の知覚を経て意味解釈が加えられる．価格情報は，第1に，「このブランドはどのくらい品質がいいのか」という品質手がかりとして機能し，第2に，「このブランドはどのくらい安いのか」という節約の手がかりとして機能する．これらの手がかりをもとにして，消費者の価格の総合評価である「価格に対する反応」にいたる．そしてこの反応をもとにして購買行動の意思決定がなされるのである．

　このことは，顕示選好の原理に仮定されている傾向とは異なっている．例えば，価格が高いほど品質がよいと考える消費者がいれば，顕示選好が成り立っているのかを検討することができなくなっている．実際の例として，日本マクドナルドはハンバーガーの価格を2000年2月に平日半額として130円のハンバーガーを65円にしたが，このとき，第2の機能の「価格が半額になった」という節約の手がかりがあっただけでなく，第1の機能により「マクドナルドのハンバーガーは65円くらいの品質なのか」という品質に関する低い推定がもたらされたと考えることができる．この値下げにより，平日のハンバーガーの売り上げは5倍伸びたが，他の種類のハンバーガー（当時190円から280円）に対する不満が高まり，以前は30パーセント以上を記録していた価格満足度が，10パーセント以下に低下したという[1]）．このことは，日本マクドナルド社のハン

バーガー全体についての品質評価が値下げによって下がった一面があると解釈できる．このような例は，マーケティングにおける価格戦略における問題として，実社会ではいくつも挙げることができる．

　本章では，商品の感性的価格判断について，これまで意思決定論で提案した心的モノサシ理論による解釈を行い，感性的価格判断の予測と日本での消費者行動調査やオンラインショップの価格付け調査，中国でのオンラインショップの価格付け調査などの実証的研究の解釈を行う．

 ## 価格判断と心理物理学

　消費者の商品に対する価格判断を考える上で，心理物理学（psychophysics）という心理学に古くある分野の研究が知見を基礎にするとわかりやすい．心理物理学の開祖であるフェヒナー（Fechner, G. T.）という心理学者（なお，彼は物理学者であり哲学者でもあった）が，1860年に刊行された著書において，心理物理学的測定法（psychophysical method）を提唱し（これは，精神物理学的測定法とも訳されることがある），刺激強度と判断を通じてなされる心理量との関数関係を特定するための定数測定法と尺度構成法を開発し，対数関数で表現される感覚量の理論を導出した．

　彼は，刺激強度Ⅰとその弁別閾 ΔⅠとの比，ΔⅠ/Ⅰが一定であるというウェーバー（Weber, E. H.）らの実験による知見，いわゆるウェーバーの法則（Weber's law）をもとに，判断された感覚の大きさSが刺激強度Ⅰの対数に比例する（S＝klogⅠ，ただし，kは正の値の定数）という，いわゆるフェヒナーの法則（Fechner's law）と呼ばれる理論を提案したのである．[4]

　このウェーバーの法則というのは，標準刺激と実験刺激の丁度認識可能な刺激の増加分，すなわち弁別閾の大きさが，刺激の初期の強さに比例することを述べた法則である．この法則は，2つの刺激量の差を検出する際に，その差が標準刺激の大きさに比例することを述べており，例えば，重りの重さを判断するときに，標準刺激となる重さが大きいと弁別できていた差が検出できなくなり，弁別閾が広がってしまうという法則である．弁別閾に関するこの法則は，聴覚，視覚，触覚などさまざまな感覚領域で成り立つことが知られているが，このような基本的な感覚だけでなく，商品の値引きの割安感などにおいても概ね成り立つことがわかっている．例えば，定価100円の商品を30円値引くのと，

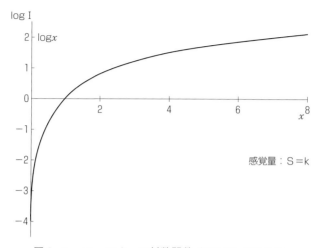

図 3-1　フェヒナーの対数関数（横軸が I，縦軸が S）

出所：竹村和久・劉放（2022）商品の感性的価格判断——心的モノサシ理論に
　　　よる説明——，感性工学，20(3)，136-142.

　定価 1 万円の商品を30円値引くのでは，同じような割安感は得られず，100円
から30円値引くのと 1 万円から3000円値引くのが，同じ割安感を与えるという
のが，ウェーバーの法則を示していることになる．

　このフェヒナーの法則の導出においては，彼は，ΔI を微分で考え，$\Delta I = dI$
と仮定し，これが感覚の最小単位 $\Delta S = dS$ と比例していると考え，$dS = kdI/I$
（k は定数）と置き，この等式の両辺の積分をとって，$S = k\log I + C$（ただし，C
は定数）とした．$S = 0$ のときの刺激強度を I_0 とすると，$C = -k\log I_0$ であると
考えることができるので，$S = k\log I - k\log I_0 = k\log I/I_0$ となる．ここで，I/I_0 を刺激閾の値 I_0 によって基準化された刺激強度であると考えると，いわゆ
るフェヒナーの法則が得られるのである．フェヒナーの導いた対数関数は，図
3-1 のような関数である．割引率の割安感をフェヒナーの法則から予測する
と，10％，20％，30％と割引率が上がっていくにつれて，割安感の増分は減っ
ていくことになる．

　このフェヒナーの法則のように，物理量と心理量との関係に関する法則を心
理物理法則（psychophysical law）と呼び，現代においても，さまざまな研究が
なされている．フェヒナーによる対数関数の心理物理関数が果たして妥当かど
うかについては異論もあり，ウェーバーの法則からの導出に飛躍があるとの批判

や，対数関数よりむしろベキ関数が妥当であるというスティーヴンス（Stevens）による理論（S＝αI[6]，ただし，α，βは定数）がある．価格に関する価値や効用の理論においても，フェヒナーやスティーヴンスの心理物理関数と同様の価値関数や効用関数を用いた理論が多く出ている．例えば，金銭的利得に対する評価を記述する，トゥベルスキーとカーネマン（Tversky, A.& Kahneman, D.）のプロスペクト理論（prospect theory）のような非線形効用理論（nonlinear utility theory）においても，ベキ関数による価値関数の推定が行われている[7]．

 ## 2　心的モノサシの理論

竹村[2,4,5]は，消費者の価格判断におけるような評価関数は，判断可能な刺激の下限付近で下に凹で，上限付近で下に凸な性質を持つとする心的モノサシ理論（mental ruler theory）を提案しており，フェヒナーの法則やスティーヴンスの法則を特殊例として含むような定式化を行っている．このモデルは，確率荷重関数の推定においても用いられたものであり，確率と結果を特に区別しない心理評価関数になっている．このモデルの基本的仮定は，人々が，あたかもモノサシをもっているかのようにして意思決定をするというものである．人々が異なる価値のモノサシを持って意思決定をしているということは，日常会話でも比喩的によく用いられている．ここで心的モノサシの対象となるものは，決定フレームのモデルのように，基本的には，利得の領域と損失の領域に分けられるが，それだけではなく，気前の良さやおとなしさなどの対人印象判断や確率判断など必ずしも損失と利得の領域に分けられない現象も対象となる．

モノサシというのは，「長さ」を測るものである．なぜ人々がモノサシを用いるのかというと，当たり前のことであるが，モノサシを使わず対象をみただけでは，長さの判断においてバラツキや歪みが生じ不都合が生じるからであるが，心理的にはモノサシで測らないと確信を持って判断ができないからであろう．モノサシには下記の特徴があると想定される[2][4][5]．

① 基本的性質１：モノサシには，目盛がある．

人々は，心的モノサシの目盛に基づいて意思決定を行なうと仮定できる．心的モノサシの目盛には，物理的モノサシに１ミリ単位やセンチ単位の目盛があるように，細かいものと粗いものがあると考えられる．例えば，価格判断につ

いて考えてみる．目盛が細かい場合は，消費者は，1円の違いにも敏感になる．しかし，粗い場合には，数万円の違いにも鈍感になる．このような価格に関する感受性の違いは，消費者の心的モノサシの目盛の粗さ，細かさによって表現できる．後に述べるように，このモノサシの目盛の粗さが，状況によって同一個人内においても変化することがあると考えることができる．

② 基本的性質2：モノサシの長さは有限である（有界性）．

これはあまりにも当たり前のことのようだが，このメタファーの意味するところは大きい．例えば，価格判断において，極めて予算をオーバーするような場合や低すぎる場合のようなモノサシの範囲を越えた対象を，我々は容易に判断することがほとんどできない．これは評価対象がモノサシの範囲を越えているからであろう．モノサシが小さすぎる場合は消費者は時にはモノサシをつなぎあわせるようなことをするだろうが，その場合の判断のバラツキはかなり大きいだろう．

③ 基本的性質3：モノサシは1次元的である．

長さという1次元的性質を測るのが物理的モノサシである．我々は，多次元的な情報をもとに判断をしていると考えられるが，最終的には1次元的に判断を行っている可能性が高い．多くの人々が偏差値教育はいけないといいながらも偏差値にこだわったり，レストランのグルメランキングのように，何らかのランキングにこだわるのも人間の1次元的判断の性質を物語っているように見受けられる．

基本的には，心的モノサシの評価関数は，以下のような関数になる．

　　総合評価＝左端点への荷重×左端点を基準とする評価関数（下に凹な関数）
　　　　　　＋右端点への荷重×右端点を基準とする評価関数（下に凸な関数）

したがって，心的モノサシの評価関数は，凹関数と凸関数の線形和になっており，一般に，その結果として逆S字型になると考える．この心的モノサシの評価関数の性質は，評価域の最大値付近では効用理論やプロスペクト理論における限界効用低減の性質とは，まったく逆になる．効用理論やプロスペクト理論では，常に下に凹な関数が想定されているが，心的モノサシのモデルでは，

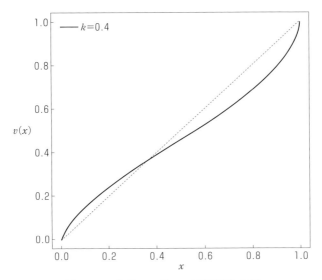

図 3 - 2　心的モノサシの評価関数の例

出所：竹村和久・劉放（2022）前掲稿.

上界付近では逆に，下に凸な関数が存在すると予測する．例えば，価格の値引き交渉などにおいて，目標を持って行動している場合，目標の値近くになると感度が上昇するような現象がそれに当たる（図 3 - 2）.

　この定式化によると，感覚の強さを S として，k を重み（0≦k≦1）として，刺激を x ϵ X とし，凹関数の心理物理関数 u：X → ［0，1］，凸関数の心理物理関数 v：X → ［0，1］とした場合に，

　S ＝ ku（x／（x の取りうる最大値 － x の取りうる最小値））＋
　（1 － k)v（x／（x の取りうる最大値 － x の取りうる最小値））

となることを示した．例えば，この表現形式としては，

　S ＝ k（x／（x の取りうる最大値 － x の取りうる最小値））^{a} ＋
　（1 － k)(1 －（x／（x の取りうる最大値 － x の取りうる最小値))^β)

　ただし，感覚の強さを S として，k を重み（0≦k≦1）として，刺激を x ϵ X とし，0≦a≦1，0≦$β$≦1 とする感度パラメーターである.
これから導出できる心理物理関数の例を図 3 - 2 に示した.

3 心的モノサシ理論による価格判断の説明

　このモデルに関して，商品の値引きの望ましさをマグニチュード推定法と呼ばれる方法で数値評価させる調査を行ったところ，図3-3に示したような結果が得られている．[8] この調査では，標準小売価格が8800円の携帯電話を用いた値引きを，① 割引額の割合をパーセントで表示をする群（例えば，標準小売価格

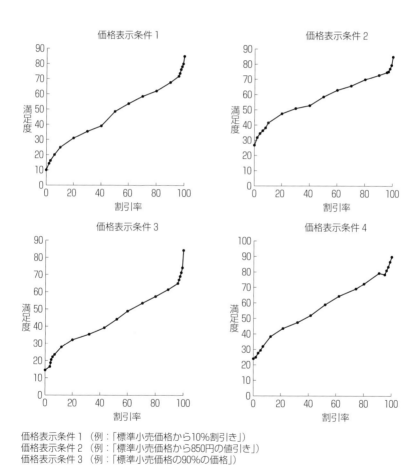

価格表示条件1　（例：「標準小売価格から10%割引き」）
価格表示条件2　（例：「標準小売価格から850円の値引き」）
価格表示条件3　（例：「標準小売価格の90%の価格」）
価格表示条件4　（例：「値引き後の価格が7920円」）

図3-3　心的モノサシによる割引価格判断の現象

出所：竹村和久・劉放（2022）前掲稿.

から10％割引という表示をする群），②値引きの絶対額を表示する群（例えば，標準小売価格から880円の値引きという表示をする群），③値引き後の価格の割合をパーセントで表示する群（例えば，標準小売価格の90％の価格という表示をする群），④値引き後の価格の絶対額を表示する群（例えば，値引き後の価格が7920円という表示をする群）も設けたが，いずれの表示においても，図3-3に示されているように逆Ｓ字の評価関数が見出されている．つまり，標準小売価格よりも少しの値引きでもかなりインパクトを持って評価されるが，中程度の値引き率の領域ではあまり敏感ではなく，高い値引き率の領域でかなり敏感になるということが言える．この評価関数は，次に述べる大台割れ効果も説明できる．

　スーパーやオンラインショップなどで買い物をする際，「98」や「980」，「1980」などの商品価格がよく見られる．このようにキリの悪い数字で設定された価格は単数価格，あるいは端数価格と呼ばれている．小嶋は店頭調査など[9]を通じて，日本における商品の価格表示が「8」で終わる場合が多いと述べ，このような現象を「大台割れの価格」と呼んでいる．大台割れ効果とは，「100」や「1000」などのようなキリの良い価格から少し下げることで，消費者に百円台あるいは千円台，二千円台という大台を意識させないことである．小[9]嶋は，「980」や「9800」というような「0」で終わった価格に対して，「0」[9]以外の数字が設定された最終桁を端数として扱った．一方，Heeler&Nguyenは日本の商品価格づけ現象を調査する際，価格の桁数が3桁である場[10]合は，端数を一の位とし，桁数が4桁以上の場合は，端数を十の位と定義した．他にも，中国の商品価格について，Yangは，右からゼロでない1桁目の数[11]字・ゼロでない2桁目の数字・2桁の組み合わせを分析対象とし，スーパーのチラシ，レストランのメニューなどの価格を分析した結果，「8」や「9」で終わる価格が多いが，商品の種類によって，「9」が「8」よりも多かった場合もあると述べた．

　これまでの研究では，商品価格における端数づけ現象について，一貫した見解がまだ得られていない．そこで，本稿は心的モノサシ理論を取り上げ，このような端数価格づけ現象について，説明を行う．心的モノサシ理論は，先に示したように，状況依存的意思決定を説明する理論であり，消費者が判断や意思決定を行う際に，時点・場所・対人関係・情報の表現などの状況が異なることで，判断や決定結果が相違する場合がある．このような状況依存的意思決定を説明するために，消費者が異なる価値の「モノサシ」を持っているとして，判

断を行う心理的評価関数が提唱されているが，消費者が購買意思決定に用いる
心的モノサシはその場の状況に応じて，大きさや目盛りが異なるモノサシを主
観的に構成しており，モノサシの目盛りが端点に近づくと，狭くなる．例えば，
千円台の商品を購入する場合，100円の差を敏感に感じるが，十万円台の商品
を購入する場合は100円の差に鈍感になる．これは千円台と十万円台の商品を
買う場合にそれぞれ持っているモノサシの大きさと目盛が異なるからである．
また，「1980」円のような価格設定も消費者のモノサシが2000円という端点の
付近で，20円の差に敏感に感じるようになることから説明できる．このように，
心的モノサシ理論からは，定価への注意の焦点化が大台割れ効果を引き起こす
と考えるのである．したがって，定価への注意の焦点化がなければ大台割れ効
果は起こりにくいと予測できる．

 ④　日本のオンラインショップとスーパーでの商品価格の検討

　本研究では，心的モノサシ理論を用いて，端数価格づけ現象を説明するため，
千円台，万円台，十万円台の商品価格とスーパーの商品価格を収集した[12]．その
内，オンラインショップの商品価格は「アマゾン」における「食品・飲料・お
酒」や「ホーム・キッチン」，「大型家電」などの売れ筋ランキングとほしい物
ランキングから選定され，「価格ドットコム」の価格比較機能に適用し，当該
商品の異なる販売価格を収集した．具体的には，千円台の商品価格は価格帯が
1548〜9438円の19種類の商品，合計1191個の価格から構成された．万円台の商
品価格は価格帯が1万9800〜6万3620円の28種類の商品，合計497個の価格か
ら構成された．十万円台の商品価格は価格帯が11万9699〜24万2398円の19種類
の商品，合計304個の価格から構成された．また，スーパーの商品価格は東京
都内にある2軒のスーパーで販売されている生鮮食品から349個の商品価格を
収集した．その内，1軒目のスーパーにおいて，価格帯が28〜4980円の190個
の商品価格があり，2軒目のスーパーにおいて，価格帯が49〜2580円の159個
の商品価格があった．
　千円台価格，万円台価格，十万円台価格，スーパーの商品価格ごとに端数分
布表と箱ひげ図を作成した．
　表3−1と図3−4は，日本における千円台の価格において，百の位，十の位，
一の位が0〜9であった価格の度数分布を示している．これにカイ2乗検定を

表 3 - 1　千円台価格の検討

端数	度数（千円台）		
	百の位	十の位	一の位
1	136	80	93
2	145	127	114
3	99	100	54
4	125	103	67
5	123	113	58
6	136	105	89
7	113	120	84
8	99	226	135
9	84	88	52
0	131	129	445
カイ2乗検定	29.479**	125.48**	1045.3**

n. s. : 非有意，[*]：$p<0.05$,
^{**}：$p<0.01$

出所：竹村和久・劉放（2022）前掲稿.

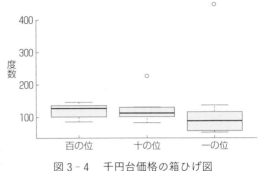

図 3 - 4　千円台価格の箱ひげ図
出所：竹村和久・劉放（2022）前掲稿.

行なったところ，百の位，十の位，一の位いずれも $p<.05$ で有意差が見られた．箱ひげ図において，十の位で「8」の度数が外れ値となっており，一の位で「0」の度数が外れ値となった．

　表 3 - 2 と図 3 - 5 は日本における万円台の商品価格において，千の位，百の位，十の位，一の位が 0 ～ 9 であった価格の分布を示している．これにカイ 2 乗検定を行なったところ，千の位，百の位，十の位，一の位いずれも $p<.05$ で有意差が見られた．箱ひげ図において，十の位で「0」と「8」の度数が外れ値となっており，一の位で「0」の度数が外れ値となった．

　表 3 - 3 と図 3 - 6 は，日本における十万円台の商品価格において，万の位，千の位，百の位，十の位，一の位が 0 ～ 9 であった価格の分布を示している．これにカイ 2 乗検定を行なったところ，万の位，千の位，百の位，十の位，一の位いずれも $p<.05$ で有意差が見られた．箱ひげ図において，万の位で「2」の度数が外れ値となっており，千の位で「9」と「8」の度数が外れ値となっており，百の位で「8」と「0」の度数が外れ値となっており，十の位で「0」の度数が外れ値となっており，一の位で「0」の度数が外れ値となった．

　表 3 - 4 と図 3 - 7 は，東京都内における 2 軒のスーパーで販売されている生鮮食品の価格において，一の位が 0 ～ 9 であった価格の分布を示している．これにカイ 2 乗検定を行なったところ，2 軒のスーパーとも $p<.05$ で有意な関

表3‐2　万円台価格における検討

端数	度数（万円台）			
	千の位	百の位	十の位	一の位
1	43	36	18	19
2	46	52	16	14
3	37	40	21	14
4	61	63	14	13
5	45	65	27	17
6	84	16	22	8
7	41	34	18	10
8	31	100	64	13
9	62	40	25	24
0	47	51	272	365
カイ2乗検定	42.859**	94.69**	1142**	2226.2**

n. s.：非有意，　*：$p < 0.05$，　**：$p < 0.01$

出所：竹村和久・劉放（2022）前掲稿.

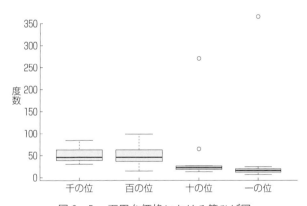

図3‐5　万円台価格における箱ひげ図

出所：竹村和久・劉放（2022）前掲稿.

連性が認められた．箱ひげ図において，Bスーパーの生鮮商品価格において，「8」と「0」の度数が外れ値となった．

　このように，一般の価格づけにおいても大台割れ価格が比較的多く観察されている．本研究では，心的モノサシ理論を用いて，日本におけるオンランショップで販売されている千円台，万円台，十万円台の商品の価格づけとスーパーでの商品価格の価格づけについて，説明を行なった．その結果，心的モノ

表 3 - 3   十万円台価格の検討

端数	度数（十万円台）				
	万の位	千の位	百の位	十の位	一の位
1	34	23	12	9	5
2	59	25	11	23	6
3	34	24	23	13	4
4	48	23	23	10	6
5	22	32	26	7	10
6	23	23	13	13	6
7	15	14	29	17	10
8	25	60	80	11	8
9	19	63	18	14	15
0	25	17	69	187	234
カイ2乗検定	56.066**	86.329**	172.78**	902.32**	1518.2**

n. s.：非有意，　*＊：p＜0.05*，　*＊＊：p＜0.01*

出所：竹村和久・劉放（2022）前掲稿.

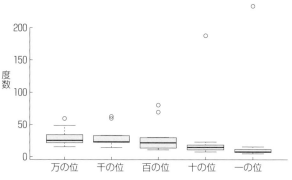

図 3 - 6   十万円台価格の箱ひげ図

出所：竹村和久・劉放（2022）前掲稿.

表3-4　スーパーの商品価格の検討

端数	度数	
	Aスーパー	Bスーパー
1	0	0
2	0	0
3	0	7
4	3	0
5	2	0
6	0	0
7	46	0
8	60	122
9	49	7
0	30	23
カイ2乗検定	285.26**	816.53**

n.s.：非有意，* : $p < 0.05$,
** : $p < 0.01$

出所：竹村和久・劉放（2022）前掲稿.

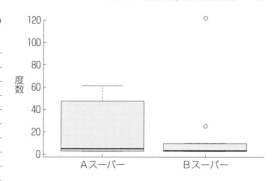

図3-7　スーパーの商品価格の箱ひげ図
出所：竹村和久・劉放（2022）前掲稿.

サシ理論を用いて，端数価格づけ現象についての一貫した説明ができることが分かった．

 中国のオンラインショップでの商品価格の検討

　中国におけるオンラインショップの商品価格は中国の大手小売オンラインショッピングモールである「天猫」における「お菓子」や「生活家電」，「大型家電」などの商品分類において，それぞれの人気順で商品を選定し，価格比較サイトである「比一比価」の価格比較機能に適用し，当該商品の異なる販売価格を収集した．[11] 具体的には，十元台の商品価格は価格帯が11.90元〜98.00元の25種類の商品，合計243個価格から構成された．百元台の商品価格は価格帯が105.00元〜788.00元の9種類の商品，合計365個の価格から構成された．千元台の商品価格は価格帯が1299.00元〜8100.00元の8種類の商品，合計282個の価格から構成された．ただし，販売サイトによって，価格を表示する際に，「〇〇元」を「〇〇.0元」や「〇〇.00元」などの異なる表示方法があるため，データ処理を行いやすいために，商品価格が「〇〇.0元」と表示された場合，「〇〇.00元」に変換するように，商品価格の角の位と分の位に「0」を付け

表 3 - 5　十元台価格の検討

端数	度数		
	一元の位	角の位	分の位
1	17	1	0
2	22	0	0
3	16	1	0
4	21	2	1
5	31	7	0
6	17	3	1
7	8	0	1
8	20	40	0
9	86	131	0
0	5	—	—
カイ 2 乗検定	193.42**	—	—

n. s.：非有意，＊：$p<0.05$，
＊＊：$p<0.01$

出所：竹村和久・劉放（2022）前掲稿.

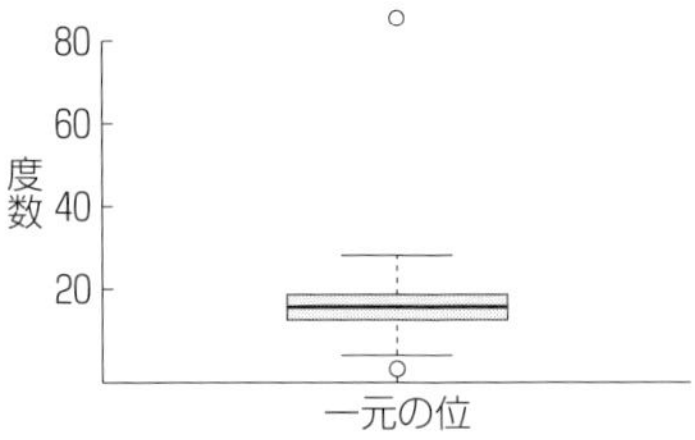

図 3 - 8　十元台価格の箱ひげ図
出所：竹村和久・劉放（2022）前掲稿.

加えた場合がある．そのため，中国の商品価格における端数を分析する際に，角の位と分の位を取り除いた．

　表 3 - 5 と図 3 - 8 は，中国における十元台の商品価格において，一元の位が 0 ～ 9 であった価格の分布を示している．これにカイ 2 乗検定を行なったところ，一元の位は $p<.05$ で有意差が見られた．箱ひげ図において，一元の位で「9」と「0」の度数が外れ値となった．

　表 3 - 6 と図 3 - 9 は，中国における百元台の商品価格において，十元，一元の位が 0 ～ 9 であった価格の分布を示している．これにカイ 2 乗検定を行なったところ，十元の位，一元の位いずれも $p<.05$ で有意差が見られた．箱ひげ図において，一元の位で「9」の度数が外れ値となった．

　表 3 - 7 と図 3 - 10は，中国における千元台の商品価格において，百元，十元，一元の位が 0 ～ 9 であった価格の分布を示している．これにカイ 2 乗検定を行なったところ，百元の位，十元の位，一元の位いずれも $p<.05$ で有意差が見られた．箱ひげ図において，十元の位で「9」の度数が外れ値となっており，一元の位で「9」の度数が外れ値となった．

　このように中国のデータについては若干結果が異なるが大台割れ価格に対応した価格付けがあり，このような現象も心的モノサシ理論から説明可能なことが示唆された．このようなことから，心的モノサシ理論から予測される現象と

表3‒6　百元台価格の検討

端数	度数			
	十元の位	一元の位	角の位	分の位
1	25	2	1	1
2	36	5	0	1
3	53	2	1	2
4	48	9	1	1
5	56	15	1	0
6	25	11	1	0
7	20	6	1	1
8	37	27	1	0
9	48	278	6	0
0	17	10	―	―
カイ2乗検定	50.26**	1788.7**	―	―

n. s.：非有意，*＊：p＜0.05，＊＊：p＜0.01

出所：竹村和久・劉放（2022）前掲稿.

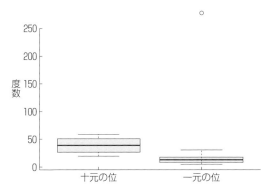

図3‒9　百元台価格の箱ひげ図

出所：竹村和久・劉放（2022）前掲稿.

表 3 - 7   千元台価格の検討

端数	度数				
	百元の位	十元の位	一元の位	角の位	分の位
1	46	2	0	0	0
2	40	2	0	0	0
3	69	8	0	0	0
4	20	9	1	0	0
5	16	5	1	0	0
6	9	4	0	0	0
7	17	5	1	0	0
8	9	4	13	0	0
9	36	234	258	0	0
0	20	9	8	—	—
カイ 2 乗検定	118**	1670.9**	2086.8**	—	—

n. s.：非有意，＊：$p<0.05$，＊＊：$p<0.01$

出所：竹村和久・劉放（2022）前掲稿.

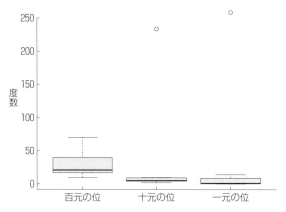

図 3 - 10   千元台価格の箱ひげ図

出所：竹村和久・劉放（2022）前掲稿.

して大台割れ価格効果によって，価格評価の単調性が崩れることがあり，選好逆転現象が生じることが示唆される.

　お わ り に

　本章では，商品の感性的価格判断について，これまで意思決定論で提案した

心的モノサシ理論[2.4.5]による解釈を行い，感性的価格判断の予測と実証的研究の解釈を行った．感性価格のモデルとしての心的モノサシの評価関数は，価格判断の現象を説明できることを示した．特に，大台割れ価格については，参照点への注意の焦点化から説明することができた．大台割れ効果は，これまでの研究からもフレーミング効果とは独立に生じることがわかっている[2.5]．また，実際のオンラインショップでも単数価格という大台割れ価格づけがなされていることも分かった[3.12]．このモデルを用いて，今後さまざまな感性価格判断の現象の解明を行う予定である．

参 考 文 献

［1］　青木道代：価格と消費者心理，In: 上田隆穂・守口剛編，価格・プロモーション戦略，有斐閣アルマ，37-58，2004.

［2］　竹村和久：状況依存的意思決定の定性的モデル――心的モノサシ理論による説明――，認知科学，5(4)，17-34，1998.

［3］　竹村和久，劉放：商品の感性的価格判断――心的モノサシ理論による説明――，感性工学，20(3)，136-142，2022.

［4］　Takemura, K.: *Behavioral Decision Theory: Psychological and Mathematical Descriptions of Human Choice Behavior*, Tokyo, JP: Springer, 2014.

［5］　Takemura, K.: *Escaping from Bad Decisions: A Behavioral Decision Theoretic Approach.* London, UK: Academic Press: An imprint Elsevier, 2021.

［6］　Stevens, S. S.: Psychophysics: *Introduction to Its Perceptual, Neural, and Social Prospects.* John Wiley & Sons, 1975.

［7］　Kahneman, D., & Tversky, A.: Prospect theory: An Analysis of Decision under Risk. *Econometrica*, 47(2), 263-291, 1979.

［8］　Takemura, K.: Contingent Decision Making in the Social World. In C. M. Allwood & M. Selart (Eds.), *Decision Making: Social and Creative Dimensions. Dordrecht*, The Netherlands: Kluwer Academic, 153-173, 2001.

［9］　小嶋外弘：価格の心理，ダイヤモンド社，1986.

［10］　Heeler, R., & A. Nguyen.: Price Endings in Asia. In B. Murphy and L. Engle (eds.) *Proceedings of Australia-New Zealand Marketing Association.* Auckland: Massey University Press, 64-71, 2001.

［11］　Yang, Z.: Lucky Numbers, Unlucky Consumers, *Journal of Socio-Economics*, 40(5), 692-699, 2011.

［12］　劉放，竹村和久：心的モノサシ理論による単数価格づけ現象の分析――日本と中国における単数価格づけの実例を用いて――，第62回消費者行動研究コンファレンス（オンライン）報告要旨集，2021.

第4章 新しい時代の覇権と商品ブランドの経済学

高山　誠

は じ め に

　「商品ブランド」は新しい時代をつくる「覇権」の経済を支える富に応じて変遷してきた．そのような事実に気付いた人は多いはずであるが，覇権と商品ブランドの関係という視点で研究がされていない．そこで，覇権が誕生する都度につくられた新しい経済の支配者が商品ブランドを決めてきたという興味深い事実を，身近な服飾を中心に考察する．その過程は以下の通りである．

（1）新しい時代の覇権と科学・学問

　新しい経済ができると，覇権は奪い取られてきた．文明誕生以来今日まで，新しい経済をつくり覇権国となったのは，隣国や遠く離れた国ではなく，海を隔てた隣国であった[1]．

　覇権は科学と学問をつくった．神が創造した整然とした世界を解き明かしたいというキリスト教への信仰心が近代科学をつくった．その時代と違い，客観的真実を明らかにしていると思われがちな科学と学問の世界で，生命に関わる医学の世界でも天の名を聞かされることはよくある．他の分野と比べて遥かに権威と資金に恵まれる医学者の多くは，利得を維持強化するための論理を固定化する．1980年代末まで米国では保守的な州では進化論を教科書へ載せることができなかった．遺伝子が生命の源であることにノーベル賞が授与された後も，遺伝物質による治療と生命操作と不死の治療はキリスト教の教義に反するので禁句であった．神経は再生しない，虫歯は修復しないと決めつけた医師と企業から反省の言葉を聞いたことはない．医療覇権は政治・情報媒体も支配しているからである．日本で胃がん患者が他国に比べ異常に多い原因は，世界トップセラーとなった潰瘍治療薬の開発で資金と研究業績を獲得した主流派とそれを計画的に育成した企業の影響力がなせる業であった．覇権と医療事業者と学者

によりマスコミも含め表面化させなかった.

　救える命を救わず，学会が事実を認めずに締め出した典型例は，ヒトがんウイルス説の提唱者達であった．動物のがんウイルスが広く知られた後も，ヒトがんウイルスの存在を認めなかった．現在でも，ウイルス性がんのワクチン治療を否認している．がん治療に核酸を注射するワクチン治療は従来のワクチン以上に有効性が高いことはコロナワクチンの有効性をみれば明白であるが，認めようとしない．従来型ワクチンは核酸ワクチンに比べて効果が低いが，核酸治療は相変わらず否定されている．人工的な iPS 細胞に代わる治療として，核酸注射による疾病治療と再生医療が可能だが，再生医療そのものを否定してきたため進められないでいる．医学会然り，覇権の経済基盤を引っ繰り返す学問的誤りが露呈しても変更しない．利益を得るための覇権の論理が科学的真理を決めている[2].

（2）経済学をつくる覇権と商品ブランド

　国民生活に欠かせない経済学は覇権がつくってきた．アダム・スミスは自由競争により分業し合うことで諸国民が豊かになると説いている．それが本当なら，インドは豊かな国になったはずである．産業革命を始めた大英帝国にとってアダム・スミスの経済学が有効であったので，経済学の大前提となった.

　覇権国がつくった世界経済システムはやがて脆弱性を帯び，次に新しい経済をつくる覇権国が累々と代替わりして登場してきた．ただし，先述のとおり，海を隔てた隣国のみが次の覇権国となることができた．そして，新しい時代の覇権が富とともに商品ブランドを決めてきた.

　ところで，装飾品は石器時代には既に数百キロの海と陸を超えて交易されていた．そして，庶民にも広まったギリシャ・ローマ時代に現在の加工技術が完成した．にもかかわらず，交易がなくなった中世の荘園時代には，世界中から装飾品が忽然と消え，王様と聖職者のみのものとなった．人々が装飾品をもち，現代のブランドが確立するのには，都市化と個人の自立と交易が必要であったが，覇権者がつくった経済により商品ブランドの価値と意味が変わってきた[3].

　新しい時代を誕生させた覇権がつくる商品ブランドがどのように変化したのかを，本章では，社会の価値を支配する側と支配される側の行動の経済学という視点でダイナミックに説明したい．身近な商品として，富の象徴であるラグジュアリーと日常生活の象徴であるコモディティの両方の商品が存在する服飾

品を取り上げる．覇権を奪取するものは新しい富を作り，商品の価値と意味を変える．商品ブランドは覇権を支配する者が変えてきたことを示したい．

 ## 新しい時代をつくる覇権の経済

（1）覇権の経済

　商品の売買が富の源泉であることに異論はない．というよりも，そのように思い込まされていると表現した方が正確である．商業が富をつくると万人に思い込ませたアダム・スミスの『諸国民の富（国富論）』は，英国で産業革命が始まって間もない1776年に出版された．彼が経済学の父とされたのは，商業が国富を築くから，諸国が分業し交易を進めて商業を盛んにすれば，諸国の国民が富を得ると主張したゆえである．

　以上のことは経済学の大前提として教科書に記載されているので，疑問を感じた人は殆どいないであろう．ところが，そのように思い込ませたのは，新しい経済システムをつくり始めた覇権国家，英国であった．諸国が交易を行うことで諸国民が富むことを説いたことは「諸国民の富」という書名の通りだが，豊かになったのは宗主国の諸国民であった．それ以前の世界貿易と商業の中心地はオランダであったが，羊毛の輸出国であった英国は，計画的に重商主義を唱え，工業大国となって世界貿易の中心地となることを目指した．他方，商業都市フィレンツェ或いはベニス然りだが，商業で富を築いた国は衰退し，工業化が国の盛衰を決定的にした．見方を変えると，商業を工業よりも重視させることで工業化を遅らせ，英国は世界の工場となって富を独占できた．国富論は英国が覇権国家となるためのお抱え経済学であったわけである．

　被害者は，アダム・スミスが説く国際分業に従い，世界一の食料大国が飢餓の大陸に化したインド，いまだ鉛筆一本作れない西米植民地のフィリピンに象徴される．アジア，アフリカ，中南米等，欧米支配の影響から自立できない諸国民は今もって貧しいことを思い出せば合点がいく．

　そんな疑問に対して，支配する側が豊かになる秘密から議論をそらす為の理論が18世紀初頭の英国の精神科医，マンデヴィルによる「富める者が富めば，貧しい者にも自然に富がこぼれ落ち，経済全体が良くなる」とするトリクルダイン理論である．アダム・スミス以来，経済学は，宗主国が豊かになれば，低賃金または奴隷労働を強いている植民地もやがて豊かになると説明している．

表 4-1　覇権の経済と富の源泉

時代と覇権	経済	富の源泉
石器時代	あるとき貸借（ヤップ島）	貸借の記録としての石貨
エジプト・ギリシャ・ローマ時代	奴隷経済	奴隷と土地
中世	荘園経済 農奴制度 神（宗教）	農業 土地，農奴，農民 威厳の象徴としての装飾品
大航海時代	貴金属と交易	貴金属
オランダ	交易の決済 両替業，造船業	通貨の評価と交換 預金
イギリス	三角貿易→国際分業 産業革命→世界の工場 金本位体制→通貨	商品（奴隷と綿） 金融・貸付 決済通貨
アメリカ	大量生産・大量消費 株式	マスプロダクション 株式投資
日本	マスカスタマイゼーション	顧客主義 安価で高品質なものづくり

出典：高山誠（2022）「新しい時代の商品ブランドの価値の意味の経済学──覇権の経済学──」感性工
　　　学，20(3)，pp. 130-135．表 2 を筆者一部修正．

　ところが，実際は（日本が東亜共栄圏政策で行ったような植民地一体型経営と正反対に）
人道的な白人経営者からの訴えを退け，植民地が競争相手とならないよう，何
も残さず収奪することを命じていた．いつかみんなが豊かになるという支配者
の理論を日本の政治家はいまも使っている．以上の議論からお分かりの通り，
覇権は新しい経済をつくるとともに，表 4-1 のように富の源泉を変えること
で覇権を取ってきた．

（2）覇権以前の経済

　覇権が存在しない石器時代の貨幣は日常物品の購入に使うのでなく，冠婚葬
祭時に贈られる一種のお詫びや婚礼のお祝い等の儀礼的贈答品として使われ，
貸借を象徴するモノであったとする説が出されている．ヤップ島の部族が使っ
ていた石貨フェイは，大きなものは直径 4 メール弱あり，動かすことができず，
所有権のみが移転するため，ヤップ島では石貨の持ち主と過去の貸借の記録が
記帳されていた．このことから，人類社会学者のフェリックス・マーティン
(2013) [4] は，貨幣の起源は貸借の記録「記帳」だったと考えている．

（3）覇権以前のブランド

　土器誕生以前の旧石器時代からブランド石の流通があった．世界中の石器時代人は，石器に使う石にこだわりがあり，どの石でもよい訳ではなかった．日本で黒曜石の産地は200知られるが，加工し易く光沢のある頑丈で良質な黒曜石産地は7カ所に過ぎない．黒曜石は珪酸が多く粘り気の強いマグマが急激に冷えたとき生成される．珪酸を焼くと硝子ができることから想像されるように，珪酸を多く含む黒曜石は美しい光沢を発し，鋭利な刃物や斧，尖った矢じり等，良質な石器ができるので好まれた．噴火口跡地の採掘場は山中にあるから，集積所に集めてから麓集落まで運び出し加工された．狩猟採集時代であった2万年以上前から，石器の最高のブランドの黒曜石加工品や，装飾品ブランドの琥珀装飾品は長野から青森まで数百キロメートルの広範囲に流通した．

　新石器時代（日本の縄文時代）は，石器や弓とともに装飾品に加工する職工の集落ができ，海を越えた交易も始まっていた．琥珀と並ぶ装飾品ブランドであった翡翠は，産地の新潟県姫川・青海川に装飾品加工集落があったが，新石器時代から古墳時代には，指輪，耳飾，腕輪，首飾，足飾など，多種多様な装身具が北海道，朝鮮半島の遺跡より出土している．

　ところが，奈良時代以降，明治時代に至るまでの約1100年間，これらの装身具は突然，姿を消した．明治以降に海外からの文化移入という形で復活を果たした装身具は，日本の近代化思想と相俟って爆発的な普及を果たし今日に至っている．[5]　同様に，中世ヨーロッパ荘園時代に，交易がされなくなると，教会以外ではアクセサリーが消えた．

（4）エジプト・ギリシャ・ローマ時代：奴隷経済

　集団定住生活が始まると，土地の奪い合いによる戦争が起こり，捕虜は奴隷として使役する奴隷経済が発達した．部族が大きくなり国ができると，貴族以外は王の土地を借りているに過ぎない．エジプト・ギリシャ・ローマ時代は領土拡大による奴隷が経済活動を支え，奴隷経済のおかげで，文明が花開いた．アリストテレスはその著『政治学』で，奴隷は支配されるために生まれついた不完全な人間であり，完全な人間であるポリス市民が奴隷を所有することは当然のことであるとしている．ギリシャの偉大な科学・哲学者は奴隷経済を擁護する哲学を作り上げた．

（5）中世：荘園経済

　続く中世ヨーロッパの封建国家の荘園では農奴が働き，王侯貴族の生活を支えていた．この時代は，農作物をつくる土地と農奴が富の源泉であった．まさに地産地消の生活をしており，自由な交易が起こる商業革命以前まで，（日本同様に）アクセサリーが消えた時代でもある．荘園制度を維持するために，身分制で職業は世襲で，職業選択と移動の自由はなく，土地拘束がされ，職人の地位は低かった．

（6）大航海時代：貴金属と交易

　スペイン・ポルトガルによる大航海時代が始まると，それまでイスラム商人が独占していたアジアの香料等に代わり，新大陸で掘り出された貴金属が富の源泉となった．スペインはポルトガル併合後，隣国フランスとの百年戦争に明け暮れ，貨幣を鋳造し戦費を賄った．財政難が続くと，純度の低い貨幣を鋳造し，財政破綻を３回起こし衰退する．

（7）オランダ：交易と決裁

　スペインの力が弱まると，植民地のオランダは独立し，交易拠点として発展した．その頃の通貨は金銀の割合が異なるため，交易のための両替と為替業務を専門とするアムステルダム銀行が1609年に設立された．あらゆる種類の各国貨幣を受け入れ，法定換金率で換算した銀行通貨グルデン（ギルダー）で払い戻す通貨取引と貨幣の代わりとして使う為替取引を行うことで，顧客同士が同行の口座間で決済を行えるようにするなど，統一的な計算単位と預金という決済手段を提供した．口座間の帳簿決済システムが行われたことで，持ち運ぶ手間がなくなり，各国通貨（富）がオランダに集まった．それどころか，交易の中心地という地の利と風力エネルギーを利用して産業を興し，世界の船の大半を供給する造船大国となり，イギリスから羊毛を輸入して領土のフランドル地方で毛織物に加工，輸出した．そのために，産業とそれに融資する金融業が栄えオランダは黄金時代を迎えた．

（8）イギリス：国際分業・世界の工場・国際通貨発行

　オランダのスペインからの独立を支援していたイギリスは，オランダと海を隔てた隣国である．毛織物と船をオランダから輸入する農業国であったが，オ

ランダを真似して中継貿易を始め，オランダと激しく競争するようになった．17〜18世紀には，イギリス（綿布），西アフリカ（奴隷），西インド諸島（綿花，粗糖）間の三角貿易により，黒い荷物である黒人奴隷と，白い荷物である砂糖，綿花の貿易により，莫大な利益を上げた．

　この時にオランダ財政から学び，1694年にイングランド銀行を設立し，商業手形割引，為替取引，預金業務の他に，工場と海運業向け貸付を行った．イギリス人が所有する船舶の総トン数は，1572年の5万トンから，1788年に105万5000トンへと，200年ほどで21倍にも増加し，蒸気船を輸出し造船大国の座をオランダから奪った．商業が国富をもたらすと声高に主張し，自分は1760年代〜1830年代に産業革命を進め，世界の工業製品の6割を生産するまでになり，世界の工場となった．担ぎ上げられたオランダは重商主義から抜けられず，18世紀末には弱体化し，1795年にフランスに占領された．

　イングランド銀行へは，1844年の銀行法で金本位性による発券銀行としての独占権を与え，19世紀後半にはロンドン・シティが世界金融の中心地になると，イングランド銀行は「世界の銀行」としての役割を担い，19世紀末には国際金本位制＝ポンド体制をつくり，国際金融によりグローバル覇権を盤石のものとした．グローバリズムがイギリスから始まったとされる所以である．

（9）アメリカ：マスプロダクションと株式投資

　この頃のアメリカは，欧州支配から独立後，欧州の戦争には参加せずに，イギリスを真似して改良し，大量生産による大衆消費社会を実現し，世界大戦では世界の工場となった．第一次大戦後にイギリスを真似て金本位制を始め，国際通貨ドルが世界の覇権を握り，銀行貸付でなく株式市場で資金調達し企業活動のグローバル化を進め，企業規模と株式市場規模を巨大化した．

（10）日本：顧客主義と安価で高品質なものづくり

　終戦後の日本はアメリカに追い付け追い越せを目標にし，アメリカから大量生産方式と品質管理を真似して改良し，水道哲学に象徴される水道の水のように低価格で良質な製品を大量生産した．これをさらに発展させ，多様な顧客のニーズに合わせた製品・サービスをフレキシブルに提供するマスカスタマイゼーションを実現し，多様なニーズに答えることで，アメリカに代わり，世界の工場となった．お客様は神様であるとする顧客第一主義の達成手段として，

小ロット大量生産によるマスカスタマイゼーションを行った．欧米流の考えでは価格を上げるが，逆に，安価で高品質なモノつくりが富（経済力）の源泉だと考える経済システムが出来上がった．

（11）コモディティ経済

　日本のお家芸であるすり合わせ型ものづくりは，いずれ安価に誰もが作れるようになる．コモディティ化への対応をせず，ハイエンド型の製品開発をして模倣され，繁栄の時代は終焉した．コモディティ化後の産業は参入が難しく経済安保上必須な産業であるのに，すり合わせとハイテク開発で日本の覇権をつくった産官学の支配が続き，コモディティ対応へ経済を転換させなかった．

　日本の製品技術は，海を隔てた隣国が受託生産により真似をした．下請け国は，製品を標準化することにより迅速なキャッチアップが可能である．台湾の受託最大手ホンハイの創業者によるスマイルカーブ理論は，生産が最も利益率が低いと訴え，下請け国が事業拡大するための隠れ蓑となった．生産委託した日本企業を安値で買収し，目論見通りのホンハイ化に成功した．技術と製造の優位性があっても，標準化した途端にキャッチアップされ，瞬く間に赤字化する．生産委託していると，自社製造が難しくなる．世界の工場となり，先端製品の開発力をつけた中国は，計画通り，IBM パソコン事業，日本の高度成長をつくった日本企業を買収し，堂々と製造大国入りを果たした．

中世都市による商品ブランドの発掘

　ヨーロッパの歴史を振り返ると，原始時代からルネサンス期までの衣服は一枚の布を体に巻き付けていた．皮製品と麻糸を用いたリネンの縫製が難しいからである．

（1）大ローマ時代

　地中海，北欧，アイスランド，アフリカと海路で，東方の中国アジアは陸路でつながり，世界各地の産品がブランドとして珍重され，市民は産地から取り寄せたリネンの服を使っていた．表4-2に，経済の担い手が変わると商品ブランドも変わることを示した．

（2）中世荘園時代

　次の中世荘園時代になると，ローマ帝国時代に盛んであった交易が行われなくなり，リネンは広まらず，人口は増加しなくなった．封建制度は，荘園内自給自足経済であり，荘園領主にとって最大関心事は，農地と労働力である．そのために身分制を強固にし，農奴・農民は世襲制とし移動の自由を制限し土地緊縛を強い，逃亡は許さなかった．農作物は領主が召し上げ，農民・農奴が自由に売買することは許さない．商品ブランドがあるとしても，域内商品が珍重されるに留まった．ローマ時代に各地にあった特産物，フランドル地方やイタリアの毛織物も停滞する．

　なお，ローマ帝国が東西に分裂した395年から1453年まで，1058年間続いたビザンツ帝国は，ギリシャに似たドーム建築と金銀モザイク絵画に代表されるビザンツ様式が寺院の権威を示すブランドとして花開くが，交易路を断たれたリネンは高級品となった．当時の流行は金箔を使いきらびやかな光物・豪華装飾装身具に代表されるが，材料の調達からデザイン，製作までの手段を探さなければならず，貴族と一部の富裕層に限られ，ブランドとして広く普及することはなかった．

表 4 - 2　経済の担い手と商品ブランド

	経済の担い手	商品ブランド
大ローマ帝国時代	奴隷労働 海上・陸上交易	世界各地の産品
中世荘園時代	荘園内自給自足 土地と農奴	域内商品
中世都市の誕生 11世紀	大商人と商人ギルドの成立	各地の特産品
12世紀	職人ギルドの成立	織物，工芸品
ルネサンス期	都市貴族 職人ギルド黄金期	地域名，個人前を冠した工芸品，建築物
大航海時代	商船貿易	金銀貴金属・通貨
産業革命時代 18-19世紀	工場制手工業	織布

出典：高山誠（2022）「新しい時代の商品ブランドの価値の意味の経済学──覇権の経済学──」感性工学，20(3)，pp. 130-135．表 2 を筆者一部修正．

（3）中世都市の誕生

　交易を阻む壁を突破したのが中世都市の誕生と商業の発達である．ことの発端は中世農業革命にある．耕作と休耕を繰り返す二圃制から，10世紀に，夏作，冬作，休耕とローテーションして連作障害を防ぐ三圃制へ変わり，11世紀に重量有輪犂（牛馬用に重い車輪を付けた畑を耕すすき）が登場し生産性が飛躍的に向上したため，人口増と荘園外への人口流出が起こった．

　余剰農産物をめぐり市が開催され，決まった日に商人や手工業者が集まり各地の特産物を売る定期市が発展し，都市が誕生する．交易が盛んになると，国王や諸侯によって保証された商業の独占営業権をもつ商人ギルドが誕生する．商人ギルドは中世都市が領主から自治権を獲得するため，領主に取り入りつつ都市法を整備し，ギルドの指導的立場にある大商人が都市の参事会を左右し，中世都市が自律性と経済的影響力を確立することになる．

（4）12世紀

　都市での交易が活発化する12世紀になると，手工業者が同職ギルドを結成し，市政への参入をはかった．身分制度ありきのヨーロッパでは，親方以外は市民権が認められず，都市貴族化した大商人が市政を独占した．これに対し，13世紀中頃から羊毛工業が発達した北イタリア・フランドル・北フランスで市政参加権を求めて職人ギルド（ツンフト）組合が革命を起こし，ツンフトの代表者の市政への参加がヨーロッパ各地に広まった．

（5）ルネサンス時代

　各都市に新たな身分として都市貴族層が生まれ，社会的地位が低かったルネサンスの職人たちを保護した．15世紀のイタリアのフィレンツェで国王と並ぶほどの政治の実権をもったメディチ家はボッティチェリやミケランジェロなど多くの才能ある芸術家と職人を保護し，豪商達はさまざまな技能にたけた職人を保護し，ルネサンスがイタリアから花開いた．フィレンツェのあるトスカーナ州では，皮革とそこでしか出せない染色技術が卓越し，19世紀末以降にグッチ，サルヴァトーレ・フェラガモ，エミリオ・プッチなどの芸術的商品ブランドの本店が誕生し，いまに至っている．

　イタリア以外の各都市にも支配階級に影響力をもつ商人が誕生する．15世紀にイタリアとの香料・羊毛取引で財をなし，15世紀末から16世紀にかけて南ド

イツ銀山の独占的経営を行い，皇帝や教皇の位をも左右したアウクスブルクのフッガー家などである．彼らは中世における富の源泉であった土地にかわり，商品を支配する富裕な市民による新しい時代をつくり，各地に地域名，個人前を冠した工芸品や建築物が誕生した．

（6）大航海時代

　大航海時代になると，商船貿易によりラテンアメリカ産の金銀貴金属が富をもたらし，純度の高い金銀貴金属を用いた通貨がブランド的価値をもつようになる．続く産業革命期には工場制手工業が始まり，羊毛に代わりインド産リネンと綿の織布が珍重されたが，ブランド化を阻止したのがギルドであった．製品の品質・規格・価格などがギルド内で厳しく統制され，品質の維持が図られたため，技能がいくら向上しても各個人の自由な経済活動を阻害した．

（7）産業革命時代

　17，18世紀に市民階級が成長すると，閉鎖的・特権的なギルドへの批判が強まり，市民革命の時にギルドは解体され，地域商品のブランド化が始まった．そのおかげでそれまで門外不出の口伝伝承をすることでクローズな世界で限られた人にだけ伝えられていた技術がやがてオープン化され，広まることになる．

  ブランド化を進めたオープン化

　これまでの議論で明らかになったように，古代から現代まで各時代の商品ブランドは新しい時代の経済活動を担う覇権の支配層により誕生してきた．新しい商品が誕生し，使うものが変わっても，いつでも使用しているものといえば，衣食住のうち衣服をおいて他にはない．衣服ないしアパレルのブランド化を進めるものは何かを解き明かしたい．

　人類最古の繊維である「リネン（フラックス）」の原産地は中央アジアやヨーロッパの寒冷地で，亜麻の皮を砕いた繊維で作った糸や布を指す．中央アジアの一角，グルジアの洞窟より黒や青緑に染まった約3万年前の亜麻先染糸が発見され，先史時代から使用されていたことが明らかとなった．中近世に織物産地となるベルギーやオランダでは，紀元前5000年のリネンの原料フラックスの種が見つかり，紀元前800年頃の世界最古の糸巻もベルギーで発見されている．

　リネンは当時も今も織るのが難しく，エジプトの職人だけが織る技術をもっていたため，エジプト産リネンはブランドとして紀元前3500年頃から交易された．ローマ時代まで海上交易を独占したフェニキア人は，エジプトのリネンと貴金属を交換していたほどリネンは高級品であった．フェニキア人はヨーロッパからアフリカを回るエジプトまでの「秘密の航路」を通り，エジプト産リネンを各地に伝えた．エジプトの上質なリネンは船の丈夫な帆には欠かせなかった．フェニキア人の使っていた文字が，今のアルファベットの起源であるため，フェニキア人がヨーロッパ文明の父と呼ばれている．

　古代エジプトでは，リネンはミイラを巻く布，神事における神官の衣装，一般民衆用の服として身分に関係なく使われていた．同じく，古代ギリシャやローマでは，民主政治が発展して以降，身分に関係なくリネンが使われていた．これは交易が盛んだったからである．毛織物産業があり豊かなベルギーでは，紀元前1世紀に一般人にもリネンが普及していた．ローマ時代は遠征に伴って道路も整備され，ローマ軍が進むところでは交易が盛んになるからである．

　貴金属として取引されていたジュエリーが，さらに細工の精度を増し完成度が高まったのがローマ帝国時代であった．各都市で職工が腕を競い合い，宝飾文化が根付き，ローマの文化と共にジュエリーもヨーロッパ全土に広がった．ローマ時代に，宝飾加工技術が完成しただけでなく，現在と同じ用途でジュエリーが使われていた．例えば，印章リングは，シーリングワックス（蝋）や粘土に押して，行政や商取引証明のハンコとして大切に扱われ，腰や首にぶら下げ肌身離さず持ち歩かれた．結婚指輪等にはエナメル彩色にカラード・ストーンをちりばめ，色とりどりのジュエリーがつくられ，細工師の芸術，技術とデザインが楽しまれた．装飾品はローマ帝国では一般大衆にまで広まり，身分に関係なく楽しめるファッション的意味が強かった．財力が乏しい庶民はガラス製のビーズや卑金属などの材料を使った．宝飾を競った時代であった．

　ローマ時代以来，オランダ南部からフランス北部にあったフランドル地方は古くから羊毛の産地であり，毛織物が生産されていた．交易が行われるようになる11世紀以降はイングランド産の羊毛を原料とすることで毛織物産業の中心地として再び栄えた．そのような時期の1328年に，フランス王の重税に反撥した都市の商工業者の反乱が起き厳しい弾圧が行われた．そのため，毛織物業者がイギリスに移ると，良質な毛織物を製造できるようになり，ブランド化した．

　中世は身分制があり，宝飾品を身に着けることを禁じていた．キリスト教を

国教とする法律もできるなど，キリスト教を利用して国王の権威付けを行った．したがって，国王同様に，教会や聖職者の権威を示すための色鮮やかな宝石や，金をあしらった指輪，胸飾りなどの祭祀用宝飾品が誕生した．しかし，ローマ時代のように一般向けに使われることはなかった．衣装も同じく，産業革命以降に繊維織物が普及するまでの間，ローマ時代よりも前の昔に戻り，華美なものは禁じられ，失せてしまった．リネンは使われなくなり，主に獣の皮を衣服に使用していた．

　17世紀後半に綿織物が普及するまで，毛織物がヨーロッパでは基本的な衣類であり，イギリス，スペイン産の羊毛を原料とする生産地との間で活発な羊毛貿易が行われた．中世以前から，北イタリアとフランドル地方が二大産地であり，中世の早い時期からリネンやレースなど繊維産業が発達し，10世紀にはヨーロッパで最も裕福な地域として繁栄した．

　羊毛の生産輸出国であったイギリスは，14世紀中頃に羊毛生産から毛織製造業への工業化を歩み始めた．イギリスの工場制手工業は商人が道具と原料を手工業者に前貸しして生産させ，テキスタイル（生地）と紳士服等の製品を独占販売する生販一貫システムであった．毛織物ブランドの生産地フランドル地方から職人を招き入れ，織物産業の技術力が飛躍的に向上し，圧倒的な世界ブランドとなり，綿製品につながった．18世紀の産業革命期にインドから安価な綿織物が入ると，綿工業の機械化に主力が移り，ヨーロッパの毛織物産業は衰退した．世界で最初のグローバル製品がイギリスの綿織物である．

　フランス帝政時代のファッション業界は，ギルド制に基づき工程毎に細かく分業され，極めて非効率であった．服を注文する場合，テキスタイルメーカーで生地を買い，アクセサリー・装飾品を買い集め，クチュール（仕立屋）に持っていってから，仕立屋が注文者の体に合わせてデザインし，針子が縫製を請け負うシステムだった．これから予想される通り，当時のファッションの最大の価値やステータスは，テキスタイルの良さにあり，デザインは仕立て人の仕事に過ぎず，重視されていなかった．

　この非効率な状況から抜け出してパリでオートクチュール（高級衣装店）のシステムを作ったのは，ナポレオ3世時代に皇室ご用達のクチュリエ（仕立職人）となり，ファッション業界の改革者，オートクチュールの父とされるシャルル・フレデリック・ウォルトである．以降，クチュール（仕立屋）がテキスタイルの選定，デザイン，仕上がりまで一貫して管理する重要な役割を担うこと

となる．ウォルトは皇室の服作りではなく，富裕層向けにトレンドを作る
ファッションデザイナーという仕事を始め，デザイナーズブランドが誕生した．

　このような仕組みができた背景として，商業革命による職人ギルドの解体，
秘密裏に徒弟制度の下に伝承されていた優れた技巧と技術のオープン化，産業
革命による生地のコスト低下がある．そこに，最終製品化までの一連の生産シ
ステムが効率化されたことによって，はじめて，多くの人に服を届けることが
可能となり，多数のオートクチュール（高級仕立屋）が競い合うこととなった．

　ギルド制がなかったアメリカでは，18世紀末の独立戦争により欧州の君主制
から解放されると，1818年にブルックスブラザーズ，最古のアウトドア系の
ウールリッチ，1837年にティファー，1853年にリーバイスなど，フランスのプ
レタポルテより100年以上早くからアメリカ独自のブランドが誕生した．

　かつて，原始時代からエジプト，ローマ時代まで自由で何も制限なくオープ
ンに交易が行われており，エジプト産リネンがヨーロッパ中の庶民にまで普及
していた．ところが，中世の荘園時代になり，往来が禁じられるようになり，
身分が固定され，職業選択の自由もなくなりギルド制が誕生し，社会全体がク
ローズドになり停滞した．その後，自由な交易は復活したが，ギルド制や身分
制等のクローズドな制度から解放されるまで，ブランドはできなかった．つま
り，オープン化されてはじめてさまざまなブランド化が行われたのである．

 4　ものづくりと商品ブランドのメタバース化

　1946年にパリオートクチュール組合に所属していたメゾンは，約100あった
が，50年代前半に約60，90年代18，2022年に16と減少した．ラグジュアリーブ
ランドにも使用価値が重視されるようになる．そのような中，時計や宝石など
の装飾品類，バッグ類，超高級車等のラグジュアリーブランド消費はコロナ禍
にあっても過去最大の売り上げを達成し，大きく伸びている．ラグジュアリー
ブランドは信頼と安心があるから，不安な時代には間違いない使用性と品質等[6]
の理由で，いわゆる殊更消費が増えるのである．

　社会が豊かになると，華美なものの所有数が減る傾向がある．コロナによる
オンライン生活ではハレ（仕事，非日常）とケ（日常）が近付いた．バーチャル
な仕事（ハレ）とリアルな日常（ケ）が一体化し，家でも身嗜みを整えて仕事
（ハレ）をしながら家庭生活（ケ）をすることが日常になった．このような現象

を「社会のメタバース化」と呼ぶことにする．いまや家庭でリアルな日常生活
をしながらメタバースで仕事をすることが普通になった．メタバースを使い，
宇宙から製品まで開発中であり，メタバース工場も稼働を始めた．

（1）オートクチュール時代

　商品ブランドも例外でない．ハレの舞台でラグジュアリーを，ケでは高品質
コモディティを普段使いするという意識が高まり，商品ブランドが二極化した．
かつてハレの世界向けであったオートクチュールは，富裕層向けになることで
デザイナーの社会的地位を上げ，その後に大衆向けにシャネルやディオールと
いったオートクチュールブランドが誕生し，20世紀の婦人服デザインの基礎を
作った．ところが，オートクチュールは貴族や富裕層が働かずに生活している
ことを見せつけるデザインのものである必要があり，金額的ないし実用的に庶
民には縁遠く，閉店するオートクチュールが相次いだ．

（2）デザイナーズブランド時代

　オートクチュールの危機の時代の1959年に，ピエール・カルダンがオートク
チュールとして初めて百貨店向けにプレタポルテ（高級既製服）を発表し，デザ
イナーズブランドの先駆けとなった．1965年に，イヴ・サンローランがオート
クチュールの並ぶセーヌ川対岸のセーヌ川左岸にプレタポルテのブティックを
オープンしたことは，オートクチュールがプレタポルテによる大衆化に向けて
一歩踏み出した象徴的出来事であった．大衆も豊かになり，大衆が購入可能な
プレタポルテが新しい商品ブランドとして誕生した．

（3）ラグジュアリーブランド時代

　プレタポルテが世に出て，ラグジュアリー商品の大衆化が始まった当初は，
顕示的消費に火が付き，競争が激化する．ところが，皆が持ち始めると，消費
者は意図的に避けることをステータスとするようになり，知性や道徳的な生活
様式などとの関連性を強める[7]とともに，「静かな主張」[8]をするブランドを求め
るようになる[9]．ものを顕示的に身に着けて見せつけるのではなく，それとなく
知性的にささやかに使おうという流れに変わっている．これら一連の顧客心理
の変化は，コロナ禍以降，急変した．仕事がオンラインによるリモートワーク
が増え，リアルからメタバース化し，同時に，消費動機もメタバース化し，見

た目の価値から内面的意味付けをしていると考えると説明できる.

（4）コモディティブランドのメタバース化

　生活と仕事がメタバース化し，商品ブランドの価値と意味もメタバース化した. このことを，ブランド製造小売りトップ3社のものづくり哲学の違いが何をメタバース化させたか，以下に分析する.

　1947年にファストファッションブランドとして創業したスウェーデン中部の小都市で創業したH&Mは，常にトレンド向けのアパレルを販売している. 大量生産によりリーズナブルな価格で展開するという衣料品店に着目し，安い服を速いペースで生産できるファストファッションブランドとなった. ファッションショーからのアイディアをもとにした新しいデザインを市場に投入する. この間，平均わずか2週間で生産し店舗に出荷する.

　1975年，スペインの村，ア・コルーニャに創業したZARA（インディテックス）が行った他のブランドとの差別化点は，JUST IN TIME（JIT）生産方式により「必要なものを，必要な時に，必要なだけ」生産することで在庫回転率を高め大量の在庫を抱えるリスクを少なくしている点である. 在庫数を減らすことで，週2回のスピードで，1600を超える世界中の店舗に商品を供給している. この「スピード経営」は競合他社には模倣困難であることが強みである. ZARAには基本的に追加生産がないので，（愛好家がシマラーと呼ばれるしまむらも同じだが）常に新商品が供給されている.

　最近流行のこの2つのコモディティ・ファッション商品は，リアルのラグジャリーブランドに対して，そのアバターともいえるメタトレンドを追う商品つくりである. 消費者にとって，あたかもラグジュアリーな世界を感じることができるようなメタ的意味をもつ. 服を着ることでリアルに体験し，かつ己表現するアイデンティティー追求型だといえる. この種のメタ商品ブランドの世界には意味付けが求められる.

　1974年9月2日，ユニクロはシャッター街となるまで炭鉱の町として栄えていた山口県宇部市に創業した. 当初，炭鉱で働く若者向けのヤンキーショップを目指したが，ファストファッションのアウトソース方式を取り入れることで，安価で高質なものづくりを実現した. 最初の製品である何とでも合わせて着ることができるフリースは，外出時も家でも着ることができるので，ハレとケを一体化させる. 着ていても目立たない. 寒暖の調節やビジネスシーンへの対

応といったコモディティを追求した商品ブランドとなることは，高品質コモ
ディティというライフウェアつくりにより完成させている．このようなものづ
くりは，既存のものづくりをする限り成功できない．世間一般のあるいは業界
の考え方にとらわれず，目立たないことが良いことだということ，すなわちメ
タ化により誕生した．ユニクロ式衣服の哲学は表に出すラグジャリーには真似
できない．インナーや下着に代表されるが，豪華さやトレンディさの代わりに，
安価で高品質でありながら，レナウンやワコール等の大手ブランドには真似さ
れない手頃さと素材と機能の高さが見えない部分に隠されている．

おわりに

　メタバース化することで顧客に意味を感じさせて成功した現在のファッショ
ン・ブランドの共通点は，上流から下流までを垂直統合せずに分散させること
で，柔軟かつ迅速さをもたせている．それゆえに，いわゆるラグジュアリーブ
ランドには真似ができない差別化をしている．これはカリスマ的デザイナーが
采配を取り仕切るデザイナーズブランドとは違い，各機能を最大限に引き出す
ためのレバーとなっていて，システム全体で新しい時代の新しい商品ブランド
を継続的に生み出している．この種の機能分散システムの肝は調整である．デ
ザインから生産・販売までをメタバースを使い一体化させることは，調整が得
意な日本が得意で模倣困難な差別化が可能になる．これらメタバース化で成功
した企業に共通することは，顧客志向ではないことである．顧客は新しいもの，
欲しいものを分かっていない．ニーズ発掘を考えて製品をマーケットアウトす
ることがメタ化における成功のキーである．

参 考 文 献

［1］ 高山誠：戦略空間の経営学：中心と周辺のダイナミズム，日本情報経営学会誌，
　　　Vol. 40. No. 3, 96-106, 日本情報経営学会. 2020.
［2］ Takayama, M.: Medical Hegemony and Healthcare: *Centrality in Healthcare
　　　Access*, Chapter 1, pp. 1-22, IntechOpen Series, INTECH 2022.
［3］ 高山誠：新しい時代の商品ブランドの価値の意味の経済学──覇権の経済学──，
　　　感性工学，20(3)，pp. 130-135，2022.
［4］ Martin, Felix: *Money: The Unauthorized Biography*, Vintage 2014.（遠藤真美
　　　訳：21世紀の貨幣，東洋経済新報社，2014.

［5］　浜本隆志：アクセサリーが消えた日本史，光文社新書，2004.

［6］　長沢伸也：ラグジュアリーブランドにおける信頼と安心，感性工学，17(1)，18-24，日本感性工学会，2019.

［7］　Solomon, M. R.: *Consumer Behavior: Buying, Having, and Being* (12th ed.). Upper Saddle River, NJ: Pearson Education; 2013.（松井剛監訳・大竹光寿・北村真琴・鈴木智子・西川英彦・朴宰佑・水越康介訳：ソロモン消費者行動論．丸善出版，2015.

［8］　Yeoman, I. (2011). The Changing Behaviors of Luxury Consumption, *Journal of Revenue and Pricing Management*, 10(1), 47-50, 2010.

［9］　Kapferer, J. N.: *Kapferer on Luxury: How Luxury Brands Can Grow yet Remain Rare*. London, Kogan Page, 2915,（長沢伸也監訳，カプフェレ教授のラグジュアリー論──いかにラグジュアリーブランドが成長しながら稀少であり続けるか──，同友館，2017.

第Ⅱ部

感性商品としてのファッション＆ラグジュアリーブランド戦略

第5章 国内ファッション・アパレルブランドの現状と課題

長沢伸也

はじめに——ジリ貧の日本企業——

　本章では，国内ファッション・アパレルブランドの現状と課題を論じたい.

　日本人の消費は，高価格なものと低価格なものとに二極化しつつある. ファッション・アパレルの分野では，低価格なものの代表はユニクロ［UNIQ-LO］やしまむらに代表される SPA やファストファッションで主にアジア製である. 高価格なものの代表はラグジュアリーブランドであり主に欧州製である.

　あるいは，日本の鞄・靴製造業は，風前の灯火である. 価格の高いものは欧州のラグジュアリーブランドの鞄・靴が売れる. 価格の安いものは香港や中国等のアジアの国から入ってくる. 日本の中小メーカーが得意なミドルレンジの中価格帯（1.5～3万円）は，上からと下からの両方から攻められて席巻されている. まさに挟み撃ちに遭い，ますます狭まって，もはやジリ貧である.

　近年，国は関税の原則無税化を目指して TPP（環太平洋パートナーシップ）や RCEP（東アジア地域包括的経済連携）を締結した. 原則無税化でもコメや農産物は例外にして守ろうとしているが，鞄・靴は例外の対象になっていない. したがって，TPP や RCEP 等の経済協定が締結されたことにより鞄・靴の輸入は無税化される. 関税が掛かっていた以前でも欧州製とアジア製がますます入ってきているのに，さらに無税化されれば日本のファッション・アパレルブランドや鞄・靴製造業は止めを刺されるのが目に見えている.[1-3]

1 婦人靴卸「シンエイ」の倒産

　日本企業の行く末を暗示するような出来事があった.

　婦人靴卸でリズ［Riz］，マリー［Marie］やライセンスブランドのアナ スイ［Anna Sui］等を販売するシンエイ（東京・台東）は，主要取引先の百貨店でのパ

ンプスやブーツの販売が苦戦し，2016年7月に民事再生法の適用を申請して事実上倒産した．翌日にはシンエイに連鎖して，新興製靴工業（東京・墨田）も民事再生法の適用を申請した[4]．

　翌月，中国の蘇寧雲商集団股份有限公司の傘下にある日本の免税店運営会社ラオックスは，子会社を通じて民事再生手続き中のシンエイから婦人靴の企画・卸売販売事業と，同じく新興製靴工業から靴製造販売事業を取得することを発表した．ラオックスが2015年に傘下に収めていた，ディッシィ［D'ICI］等の婦人靴製造のモード・エ・ジャコモ（東京・港）にシンエイの婦人靴企画・卸売販売事業は譲渡され，「今回の買収で訪日客向けに高品質な日本製の靴の品揃えと販売を強化する」とのことであった[5]．

　この倒産劇と再建劇では日本人経営者と日本企業は何をしているのか，情けないのを通り越して苛立ちを覚えた．

　さらにラオックスは17年9月，イング［ING］，ピッティ［PITTI］などのオリジナルブランドの他，有名ブランドのライセンスを多数有していた婦人靴企画卸のオギツ（東京・台東）も子会社化した[6]．

　しかしながら，再建中にコロナ禍によるインバウンド消費の蒸発や百貨店の休業等に見舞われ，見限る形で21年3月，IT関連企業のアイティエルホールディングス（東京都港区．以下 ITL）へのモード・エ・ジャコモとオギツの譲渡を決定した．「新型コロナウイルス感染拡大で訪日外国人が大幅に減る中，総合免税店を展開するラオックスとの相乗効果が期待できない状況になっていた．こうした中，ITL 社の IT テクノロジーおよびシステム開発力が，今後 DX 化を進めるオギツ社およびモード・エ・ジャコモ社の戦略と合致し，今後のさらなる成長性が期待できる」としている[7]．

　一方，ITL 社はオギツおよびモード・エ・ジャコモの「株式譲受合意に関するお知らせ」と続く「株式譲受完了のお知らせ」を出したのみである．ITL社の事業内容は M&A（事業投資）および M&A コンサルティング（M&A 仲介）であり，前者に関しては，「弊社とのシナジーが期待される企業をグループ化し，拡大してまいりました．今後は弊社グループ会社の強みを活かしながら，グループ全体での売上・利益拡大に向け取り組んでまいります」とあるのみで詳細は不明である[8]．このように ITL 社に譲渡後のオギツおよびモード・エ・ジャコモの経営状況については情報がなく，心配している．

② 苦戦する国内ファッション・アパレル産業
──アパレル大手の現状──

　鞄・靴はファッション業界では「ファッション小物」と呼ばれるが，ファッション製品の本丸の洋服，アパレルも状況は全く同じである．

　価格の高いものは欧州のラグジュアリーブランドの服が売れる．価格の安いものはバングラデシュ等のアジアで生産されるファストファッションがどんどん入ってくる．鞄・靴と同じ構造である．日本の中小アパレルメーカーが得意なミドルレンジの中価格帯は挟み撃ちに遭い，急速に狭まっている．

　実は百貨店でもこの中価格帯の日本製が，売場面積でも品揃えでも利益率でも厚かったのに，ますます縮小している．やはり TPP や RCEP に基づき海外製が無税化されれば，日本の中小アパレルメーカーは厳しいと思われる．この構造は中小だけでなく，実は大手であってもまったく同じである．

　先日，日本橋高島屋 4 階のアパレルメーカーのフロアに行ったら，アパレルメーカーの衣服に代わり，靴が並んでおり驚いた．

　上場アパレル企業各社の業績推移を表 5 - 1 に示す．

　国内アパレル最大手でインディヴィ［INDIVI］やタケオキクチ［TAKEO KIKUCHI］などを展開するワールドは，売上は2008年 3 月期に過去最高の3583億円を達成後，減収が続いており，2021年 3 月期は売上高1803億円とほぼ半減，営業利益は216億円の赤字だった．不採算ブランドの廃止，数百店舗の大量閉店，数百人規模の大量人員削減というリストラを断続的に実施している．

　23区，組曲等の百貨店向けが中心のオンワードも2007年 2 月期の過去最高の3187億円以降は減収基調で，2021年 2 月期は売上高1743億円，営業利益は212億円の赤字だった．物流事業から撤退したほか，百数十店を閉店している．また，都内所有の土地を売却したり，大幅赤字だったイタリア事業の現地法人を解散，撤退したりしている．

　TSI ホールディングスも2021年 2 月期は赤字であった．

　エポカ［Epoca］やマッキントッシュロンドン［Mackintosh London］を展開する三陽商会は，約50年続いた英国ブランド「バーバリー［Burberry］」のライセンス販売が2015年春夏シーズンで終了したことが響き，2016年12月期の連結業績では売上高は676億円で前期比約30％減，過去最高だった2007年の1431億円との比では約半減，最終損益も巨額の赤字を出した．2021年 2 月期は売上高

表5‐1　上場アパレル企業各社の業績推移（☆：過去最高）

年	(a) レナウン（コード番号3606） 業績（百万円）	売上	営業利益	(b) 三陽商会（同8011） 業績（百万円）	売上	営業利益	(c) オンワード ホールディングス（同8016） 業績（百万円）	売上	営業利益
2006	連06.2	119,717	160	連05.12	136,597	9,521	連06.2	283,110	24,707
2007	連07.2	176,281☆	2,719☆	連06.12	139,108	9,730	連07.2	318,690☆	25,431☆
2008	連08.2	175,613	2,142	連07.12	143,093☆	9,687	連08.2	287,032	18,628
2009	連09.2	155,999	▲7,520	連08.12	133,089	4,763	連09.2	261,005	9,084
2010	連10.2	129,055	▲458	連09.12	114,231	▲5,208	連10.2	248,634	4,383
2011	連11.2	73,254	159	連10.12	112,057	2,446	連11.2	244,550	8,928
2012	連12.2	74,603	▲320	連11.12	104,614	2,084	連12.2	242,402	10,953
2013	連13.2	76,194	▲513	連12.12	107,630	5,855	連13.2	258,369	11,192
2014	連14.2	75,863	▲146	連13.12	106,350	7,053	連14.2	279,073	9,422
2015	連15.2	72,205	324	連14.12	110,996	10,213☆	連15.2	281,501	5,731
2016	連16.2	71,215	586	連15.12	97,415	6,577	連16.2	263,516	3,778
2017	連17.2	67,624	▲248	連16.12	67,611	▲8,430	連17.2	244,900	4,203
2018	連18.2	66,396	215	連17.12	62,549	▲1,907	連18.2	243,075	5,167
2019	連19.2	63,664	▲2,579	連18.12	59,090	▲2,176	連19.2	240,652	4,461
2020	連19.12変	50,262	▲7,999	連20.2変	68,868	▲2,875	連20.2	248,233	▲3,061
2021	（20.5民事再生法適用申請）			連21.2	37,939	▲8,913	連21.2	174,323	▲21,230
2022				連22.2	38,642	▲1,058	連22.2	168,453	▲1,079

年	(d) ワールド（コード番号3612） 業績（百万円）	売上	営業利益	(e) TSI ホールディングス（同3608） 業績（百万円）	売上	営業利益	業績（百万円）	売上	営業利益
2006	連06.3	289,905	19,840	東京スタイル連06.2	55,424	3,000	サンエーインター連06.8	110,164	8,374☆
2007	連07.3	333,434	21,316☆	東京スタイル連07.2	56,470	3,879☆	サンエーインター連07.8	117,837	8,102
2008	連08.3	358,276☆	20,188	東京スタイル連08.2	56,221	3,345	サンエーインター連08.8	120,260☆	5,938
2009	連09.3	342,758	17,696	東京スタイル連09.2	62,683☆	2,662	サンエーインター連09.8	111,817	42
2010	連10.3	314,117	11,241	東京スタイル連10.2	52,196	422	サンエーインター連10.8	100,333	862
2011	連11.3	305,541	8,917	東京スタイル連11.2	55,890	▲1,384	サンエーインター連11.5	76,281	1,639
2012	連12.3	329,894	11,764	連12.2	147,799	▲6,856			
2013	連13.3	336,480	7,172	連13.2	185,512☆	▲1,277			
2014	連14.3	309,385	9,291	連14.2	181,972	▲1,128			
2015	連15.3	298,511	5,263	連15.2	180,819	924			
2016	連16.3	278,214	11,668	連16.2	167,211	1,061			
2017	連17.3	249,983	12,066	連17.2	159,143	2,541☆			
2018	連18.3	245,829	13,225	連18.2	155,457	2,168			
2019	連19.3	249,862	14,827	連19.2	165,009	2,290			
2020	連20.3	236,265	12,314	連20.2	170,068	70			
2021	連21.3	180,322	▲21,637	連21.2	134,078	▲11,843			
2022	連22.3	171,344	2,196	連22.2	140,382	4,440			

注1：オンワードホールディングスは2011年9月，オンワード樫山が会社分割による純粋持ち株会社体制への移行とともにオンワードホールディングスに商号変更．アパレル事業部門をオンワード樫山が継承，商事事業部門をオンワード商事株式会社が継承．

注2：ワールドは，2005年に経営陣による自社買収（MBO）を実施し上場を廃止したが，2018年9月に再上場した．再上場以前のデータは，同社有価証券報告書に拠る．

注3：TSIホールディングスは，2011年6月1日で東京スタイルとサンエー・インターナショナルが共同持株会社として設立．このため，設立以前は両者を併記．

出所：東洋経済新報社編（2006〜2022）『会社四季報　各年版』東洋経済新報社．

379億円，2007年比では約4分の1，営業利益は89億円の赤字だった．同社は経営の立て直しを図るため，相当数の展開ブランドを休廃止，全体の数割にあたる売場を閉鎖，全社員の数割の希望退職者を募る等，苦戦が継続している[9]．

　そこへコロナ禍に襲われ外出抑制が響いた．ワールドは低収益ブランドや店舗の撤退に合わせ製造・販売子会社で2021年に希望退職を募集．想定を2割超上回る125人が応募した．三陽商会も募集を2割上回る180人が応募している[10]．

　かつての大手であったレナウンは，2000年代の経営悪化によって2009年に中国資本の山東如意科技集団有限公司と資本提携を結び，中国アパレルの傘下に収まった．その後，2013年には山東如意科技集団有限公司の親会社である済寧如意投資有限公司への第三者割当による新株を発行し，合計保有株が過半となり中国如意グループとなった．経営悪化していた2008年のリストラにより以降の売上は大幅に縮小し，2020年2月には同じく山東如意グループである香港企業からの売掛金の回収が滞り，同年5月に経営破綻した．同社を一括して救済する企業は現れず，ブランドごとの切り売りとなり，1902年創業以来，百年以上の歴史を有したかつての名門レナウンは完全消滅した[11]．

 3　日本企業の課題——ジリ貧の日本企業が生きる道——

　このように，国内ファッション・アパレル産業は苦戦している．しかし，それがパリやミラノ，ローマの老舗，欧州の老舗だったならば，世界的ラグジュアリーブランドになれるのである．どちらも同じ鞄とか靴，あるいは洋服をつくっているのに，片やラグジュアリーブランドは世界中で売れ，片や潰れたり経営不振に喘いだりしているというのは大きな疑問である．でも，彼らと日本のこのような企業との共通点は非常に多い．実は，今日の世界的ラグジュアリーブランドは単に欧州の老舗企業や地場・伝統ものづくり企業のことであるから，何とかなるはずだし，何とかしなければならない．

　これは老舗や地場・伝統産業，中小のものづくり企業に限らず，大手を含めて日本のものづくり全般にもいえるのではないか．食品も異物混入事件や原油高による輸送費高騰で図らずも明らかになったように低価格の加工食品はほとんどアジア製である．反対に高価格なチョコレートやマカロンはフランスやベルギーなどの欧州製である．また，挟み撃ちというほどひどくはないかもしれないが，電気製品は低価格のアジア製に押されているし，シャープは台湾企業

の鴻海精密工業傘下となった．自動車は高価格の欧州製（特にドイツ車）に，なかなか太刀打ちできない．このように考えると，日本のものづくり全般に，高くても売れるラグジュアリーブランドに学ぶ必要があると思われる．

　したがって，ラグジュアリーブランドを目指して，ラグジュアリー戦略に基づきラグジュアリーブランディングを実践する．これこそが，日本の製造業が目指すべき道筋である．

　例えば，ルイ・ヴィトン［Louis Vuitton］は1854年創業である．いわば創業168年のパリの老舗の鞄屋である[12, 13]．グッチ［Gucci］は1921年創業であり，2021年に創業100周年を迎えたので，ぎりぎり老舗といえる．しかも，フィレンツェは人口36万人程度という，日本でいえば各県の県庁所在市かその次くらいの地方都市にある地場企業である[14]．シャネル［Chanel］は1910年創業，ディオール［Dior］は1946年創業であるが，創業者がそれぞれ1971年と1957年に物故するまで活躍し続けたので，老舗という感じはしない[15, 16]．また，スイスの時計企業の多くは，スイスの山奥にある．ジャガー・ルクルト［Jaeger-LeCoultre］はジュネーブからスイス国鉄で二度乗り換え，山岳鉄道の終点近くル・サンティエ［Le Santier］という町にある．水面標高1004 m のジュウ湖［Lac de Joux］の湖畔に位置するので標高1000 m 以上の高地にある「おらが町」の地場企業である[17]．同じように，欧州のラグジュアリーブランドというのは，それぞれの国の老舗，しかも同族経営だった老舗や地場・伝統産業が，今日ラグジュアリーブランドとして世界に飛躍している．

　ところが日本で老舗企業，あるいは地場・伝統産業というと，ほとんど不況産業の代名詞である．売上は下がる一方，職人はどんどん高齢化するし，後継者もおらず潰れそう．イメージだけでなく，こういう現実である．このことは決して地場・伝統産業だけではない．日本の製造業全般が抱える問題である．

　また，日本でつくると品質は良いけれど価格が高くなる．そこへ新興国メーカーが低価格製品により追い上げてくるので，ジリ貧になっている．そうすると価値づくりを忘れて，そもそもゲームのルールが変わったのに，どうやって安くつくるかしか考えない．当然，行き着くのはコストダウンの消耗戦．ブランドも企業も疲弊する．

　製品を安くつくるために工場をアジア，例えば中国沿岸部に移転した．沿岸部も人件費が高くなったら，もっと奥地に行く．あるいは日中関係は微妙になった，というので，今度はベトナム，ミャンマーだ．一体，こんなことをい

つまでやっているのか．バングラデシュ，スリランカまで行ったら，もうアジアは終わりであるから，そうするとあとは北アフリカ，中央アフリカ，あるいはマダガスカル島まで行ったら，もう地球上で行くところがなくなる．それは場当たり，時間稼ぎや対症療法でしかない．

　そもそも日本でつくると高くなるのだから，日本らしさを生かした高くても売れる製品を作るしかない．これでなくちゃ駄目なんだと，熱烈に支持されるブランドをつくるのが正しい．「工場を移転するな」が，ラグジュアリー戦略[18]に基づくラグジュアリーブランディングである[19]．

 日本のアパレル企業のブランド戦略

　これまで日本企業全般の課題に対して，ラグジュアリーブランドに学ぶ必要があることを指摘してきた．さらに本節では，日本の大手アパレルに焦点を当ててラグジュアリーブランドとなるために，具体的に何が必要かを考えたい．

　日本の大手アパレルは，販売チャネルは百貨店内のインショップという出店形態で百貨店への依存度が極めて高いうえに，ロードサイド専門店に紳士既成服で遅れをとり，ファッションビルや駅ビル，郊外大型SC等への出店も出遅れた結果，百貨店の売上の減少とともに不振が長期にわたるようになった．その大きな原因は，メインルートとして百貨店との取引を重視し，百貨店向けのブランドは自らの小売業態へ展開をしてこなかった点が挙げられる．ラグジュアリーブランドのような直営店・路面店展開や，特に旗艦店戦略を採らなかったという意味で，日本の大手アパレルはラグジュアリーブランドに学ぶ必要があるといえる．

　また，国内大手アパレルが扱うブランドの印象が高級でもニュートラルなイメージがあり，消費者への訴求力が今ひとつ弱い．基幹ブランドは大抵の百貨店には入っているが，価格帯も中価格帯，つまり中途半端である．冒頭に述べたように，消費傾向が二極化されているので顧客のブランドスイッチが行われていることも容易に予想できる．ラグジュアリー戦略を学んで，高価格帯にシフトすべきであることも挙げられる．

　さらに，国内大手アパレルの歴史は市場の変化とニーズに対応し，新ジャンルへの参入と新ブランドを次々に生み出すマルチブランド化の歴史であった．その数は最も多い時で100をゆうに超えていた．ブランドを数多く抱えている

のは，一見するとラグジュアリーブランドのコングロマリットに似ている．しかし，売上が2000億円か3000億円でブランド数が70ある，100あるということは，1ブランド平均で30億円の小粒なブランドばかりだということである．これでは販管費等がかさみ，在庫の山となりかねない．したがって，ラグジュアリーブランドのような，より強いブランドを創る必要があろう．

　アパレル業界の最近の動向としては，「新型コロナウイルスの感染拡大で外出控えが続いたことで“アパレル不況”に拍車がかかっている．市場はバブル期の15兆円から9兆円（2019年）となり，足元ではさらに縮小している．特に厳しさを増しているのが百貨店を主な販路としてきた老舗企業だ．大手ではレナウンが20年5月に民事再生手続きに入り破産した．オンワードや三陽商会も大量閉店や希望退職の募集などのリストラに着手している」と指摘されている[20]．

　あるいは，現状として「カジュアル化の波は止まらない」，つまり「外出の頻度が減ったことでドレスアップするような衣服の需要はほとんど蒸発し，カジュアル化が一段と進行した」とも指摘されている．もっとも，「カジュアルブランドでも企業によって様相は異なる．ユニクロやGUを展開するファーストリテイリング，ショッピングモール内に多くの店舗を構えるアダストリアやストライプインターナショナルは減収減益となった[11]」．

　さらに，今後は「アパレルは新商品の約半数が売れ残る過剰在庫問題を抱え，新型コロナを機に一段と苦境が深まっている．消費者の社会課題への意識の高まりもあり，大量仕入れと安値販売という従来の商慣習の見直しを急がなければ存続は厳しい」という見方がなされている[20]．

⑤　日本のアパレル企業によるラグジュアリーブランド経営

　本質的な問題としては，日本のアパレル企業がラグジュアリーブランドを上手く経営できていないということである．

（1）オンワードによるジル サンダーの経営

　オンワードの経営不振の要因の一つは，ジル サンダー［JIL SANDER］の高値での買収と不採算だった．2008年9月に約264億円で全株式を買収した．縮小を続ける国内衣料品市場から海外市場に軸足を移すため，また，百貨店依存であった体質の脱却を図るための買収であった．しかし，創設者ジル・サン

ダーが在籍していないにもかかわらず高額買収してしまった上，実際の海外戦略は上手くいっておらず，例えば，2014年2月期のジル サンダーグループの売上は135億円で営業利益は約13億の赤字だった．ファーストラインの売上不足やジル・サンダー ネイビーの小売拡大の遅れにより売上計画を下回り，デザイナー関連費用の増加と戦略的投資分の吸収が行えず，赤字が拡大した[21]．

　そして，2021年3月，連結子会社のオンワードイタリアが保有するジル サンダーをディーゼル［Diesel］や「メゾン マルジェラ［Maison Margiela］，マルニ［MARNI］等を擁するイタリアのOTBグループに売却した．売却額は非公開としている．オンワードホールディングスは，株式譲渡の理由について「不採算となっているジル サンダー事業を譲渡することがグローバル事業構造改革の観点から最善の選択であると判断した」とコメントした[22]．

　これに先立つ2020年12月には，やはりオンワードイタリアが保有し，アパレルのジボ［GIBO］などを擁するオンワードラグジュアリーグループ（OLG）の全株式を伊投資会社NEMOに譲渡している．OLGは2018年10月設立，2020年2月期の売上高は1億2454万ユーロ，営業損益は1478万ユーロの赤字だった[23]．

　いずれも，構造的な問題を抱えていたところに，コロナ禍による欧州などでの販売不振が止めとなった形に見える．

（2）レナウンによるアクアスキュータムの経営

　また，レナウンに至っては，1990年に英国の名門ブランドのアクアスキュータム［Aquasqutum］を約200億円で買収したものの大きな効果が上がらずに，2008年に売却を決定した．しかも，日本国内のライセンス販売権を残して売却しようとしたため買い叩かれている．平たく言えば，儲けようと思って買ったもののお荷物になり，大損を出して売った格好となった．

　実は，プリングル オブ スコットランド［Pringle of Scotland］を5年間で売上を10倍にして再生した辣腕のキム・ウィンザー［Kim Winser］を2006年にアクアスキュータムの社長兼CEOに迎えた．ウィンザーは「3年間で売上2倍」という目標を掲げて再生に着手していたが，レナウンによる売却決定を受けて，09年にMBO（経営陣による買収）を表明した．しかし，入札を拒否され退社するというドタバタ劇まで起こした[24]．

　さらに奇怪なことに，レナウンは2017年12月，主力ブランド「アクアスキュータム」の国内での商標権を香港のアクアスキュータム社から取得すると

発表した．取得額は5000万ドル（約56億円）．レナウンもアクアスキュータム社も中国繊維大手，山東如意科技集団のグループ会社．2012年の経営破綻後に山東如意科技集団グループとなっていたアクアスキュータム社は世界の「アクアスキュータム」ブランドの商標権を保有しており，レナウンは日本の商標権のみを取得する．2009年，経営不振から売却したアクアスキュータム社とブランドの商標権のうち，商標権を買い戻した形となった[25]．

　上述のように，レナウンはその後2020年5月に経営破綻するので，起死回生または窮余の一策で再度アクアスキュータムに賭けた，または賭けざるを得なかったのだったとしたら，その悲劇性は倍加する．

（3）ファーストリテイリングによるセオリー，ヘルムート ラングの経営

　ユニクロを展開するファーストリテイリングは，100％子会社であるリンク・セオリー・ジャパンにより，セオリー［Theory］，ヘルムート ラング［HELMUT LANG］ブランド等の婦人服，紳士服等の企画・生産・販売も展開している．しかしながら，例えば2020年8月期の売上高は1096億円で構成比は5.5％，営業利益は127億円の赤字であったように，赤字基調である[26]．

（4）ブランドビジネスはライセンスビジネスか

　いずれも，ラグジュアリーブランドを上手く経営し，そこで学習したノウハウを水平展開して国内ブランドの格上げを図れれば良かったが，現実はお荷物になっただけである．

　バーバリーブルーレーベル［Burberry Blue Label］やバーバリーブラックレーベル［Burberry Black Label］を展開した三陽商会に代表されるように，日本のアパレルや商社は欧米有名ブランドや新進ブランドのライセンスビジネスをブランドビジネスと思い込んでいた節がある．「傘」や「鰐」等のマークやロゴがあれば馬鹿売れしたものだから，「当たるとデカい」．しかし，「何が当たるか分からない」．そして，「暖簾さえあれば企画・製造・販売はウチでできる」という自信とともに，「パリ・コレに行って“当たりそう”なブランドを見つけてこい」となったのではないか．結果として，取り扱うブランドが増え続けた．しかも，大手が肝入りで開始したブランドは，そこそこの売上が立つものだから，おいそれとクローズできない．こうやって，取り扱うブランドが70,

100と増えていったのではないか.

　しかしながら, ライセンスビジネスとして成功したといえるのは, 厳しい見方をすれば, 三陽商会によるバーバリーと並んで伊藤忠商事によるポール・スミス［Paul Smith］くらいであろう. 日本でのポール・スミスは伊藤忠商事がマスターライセンシーとなり, メンズウェアは伊藤忠商事の事業会社であるジョイックスコーポレーション, レディスウェアはオンワード樫山の二社を中心としたサブライセンシーによってライセンスブランドとして展開されている.

　日本でのライセンスビジネスは, 軌道に乗るとライセンスを打ち切られて本国が買収したりジャパン社を設立したりするなどして「喧嘩別れ」するのがほとんどであるのに対して, 伊藤忠商事は2005年末に英ポール・スミス社の株式40％を取得しポール・スミスのグローバル戦略をサポートしており, 蜜月が深まっている稀有な例となっている[27].

　総じて元気がない大手に対して, 相対的に元気がよい企業もある. 例えば, ローリーズファーム［Lowrys Farm］やグローバルワーク［Global Work］等カジュアルが主力のアダストリアは, 2021年2月期で売上高1838億円, 営業利益7億円だった. アースミュージック＆エコロジー［earth music & ecology］やホテル事業も展開するコエ［koé］等で20～30代向けのカジュアル衣料に強みがあるストライプインターナショナルは売上高1011億円（2021年1月期. 営業利益は非公表）, スナイデル［SNIDEL］やジェラート ピケ［Gelato Pique］等の若い女性向けブランドを展開するマッシュホールディングスは売上高899億円（2021年8月期. 営業利益は非公表）だった[11,20]. これらは, 自らブランドを育てた企業である.

　やはり, ブランドビジネスとは, ライセンスビジネスではなく, ブランドを創り育てるビジネスのはずである.

　現在, 日本のファッション・アパレル企業は数多くの問題を有している. だが, これらの問題を一つひとつ克服することでしか, 日本のファッション・アパレル企業に未来はないと思われる. そしてこのとき, 大きな参考となるのは, ラグジュアリーブランドの戦略である.

　お わ り に──日本発ラグジュアリーブランドの挑戦──

　本章では, 国内ファッション・アパレルブランドの現状と課題について論じた.

　ファッション・アパレル製品は典型的な感性商品であり，ファッション・アパレルブランドは典型的なブランドビジネスである．しかしながら，過去の成功体験からブランドビジネスをライセンスビジネスと思い込み，「（当たりそうな）ブランドの獲得」と百貨店内の「陣地取り」のように，目的と手段を取り違えてしまったように思われる．そして，大量仕入れと安値販売が常態化していたところへコロナ禍に襲われ一段と苦境が深まっている．

　レナウンの経営破綻は残念ではあったが，その経営破綻の根本原因はレナウン固有の問題だけではない．我が国のファッション・アパレルブランドが抱える構造的な問題の見直しと解決を急がなければ他社も業界も存続は厳しい．

　この構造的問題を見直し解決するのに参考とすべきは，ラグジュアリーブランドの戦略である．ただし，今のラグジュアリーブランドを見るのではなく，彼らが何をやってラグジュアリーになったかを学ぶ必要がある．

　「ルイ・ヴィトンを見習え，グッチを見習え」と筆者が言うと，「無理，無理，とてもそんなのは無理」とか「そもそも日本企業がラグジュアリーになれるわけがない」とか，強く否定する人が多い．それは今のラグジュアリーブランドを見て，無理と言っている．けれども，その結果だけ見て無理と言うのではなく，それはもともと小さくファミリービジネスだった冴えない街角のブランドや山奥のブランドが，世界的なラグジュアリーブランドになるために何をやったか，どうやって大きくなったかというプロセスを学ぶべきである．併せて，「薄利多売」とは真逆の「多利薄売」ないしは「厚利少売」（注：いずれも筆者の造語）の戦略，すなわちラグジュアリー戦略を学ぶべきというのが筆者の主張である[28, 29]．

　例えば，ルイ・ヴィトンは1854年創業である．創業から124年間，ロンドンには出たこともあるけれど直ぐに撤退したので，1978年時点でフランス国内のパリとニースのたった2店舗しかなかった．そこへ，この年に突然，東京，東京，東京，大阪，大阪，そして大阪と，一挙に6店舗，日本に出店して，極東の島国でパリの老舗のこげ茶色した地味な鞄（かばん）が馬鹿売れすることを発見した．続いて80年にシャネルが乗り込んできた．そして80年代を通じてバブルということもあって，ヨーロッパのラグジュアリーブランドが押し寄せてきたのである．この意味で，日本がラグジュアリーを発見したともいえるし，ラグジュアリーが日本を発見したともいえる．日本人はラグジュアリーがわかるのだ[30]．

　ルイ・ヴィトンは1978年に東京と大阪の百貨店内などのインショップに6店

を出店したのに続き，1981年に初の路面店を並木通りに開店した．今，東京の銀座や表参道にさまざまなラグジュアリーブランドの旗艦店や路面店が並んでいる．しかし，1981年以前には全くなかったのだ．今では想像できないかもしれないけれども，そう考えれば，日本の企業にもチャンスはあるし，できるはずである．たった40年足らずの間に，パリの老舗やスイスの山奥の町工場がラグジュアリーブランドに飛躍した経営戦略を体系化したのが「ラグジュアリー戦略」である．日本人はラグジュアリーがわかるが，日本企業はラグジュアリーがわからないので，日本企業が「ラグジュアリー戦略」を学び，高くても売れる製品，高くても熱烈なファンがいるブランドづくり，すなわちラグジュアリーブランディングを実践することを切に願う[3]．

　付記　本章は，長沢（2022a）[3]，ならびに長沢（2022b）[28]を加除修正した．

参 考 文 献

［1］　長沢伸也：コロナ禍における商品開発・管理——本物が求められる時代，日本製品が世界を魅了するために——．商品開発・管理研究，18(1)，pp. 27-38，2021.

［2］　長沢伸也編著：ラグジュアリー戦略で「夢」を売る——リシャール・ミル，アルルナータ，GIA Tokyo，勝沼醸造，玉川堂のトップが語る——．同友館，2021.

［3］　長沢伸也：ラグジュアリーブランドの現状と日本ブランドの課題．繊維学会誌『繊維』，78(2)，pp. 67-77，2022a.

［4］　日本経済新聞：婦人靴卸のシンエイ，民事再生法適用を申請，2016年7月28日付.

［5］　日本経済新聞：ラオックス，シンエイの婦人靴事業取得，2016年8月19日付.

［6］　日本経済新聞：ラオックス，婦人靴卸オギツを買収　製造小売りに力，2017年9月22日付.

［7］　ラオックス：連結子会社の異動（株式譲渡）に関するお知らせ，2021年3月26日付.

［8］　アイティエルホールディングス：〈https://itl-hd.com/〉（2022. 05. 03閲覧）.

［9］　東洋経済新報社編：会社四季報　各年版．東洋経済新報社，2006～2022.

［10］　日本経済新聞：希望退職2年連続1.5万人超　コロナでアパレル打撃，2022年1月22日付.

［11］　東洋経済新報社編：会社四季報　業界地図2022年版．東洋経済新報社，2021.

［12］　長沢伸也編著，大泉賢治，前田和昭共著：ルイ・ヴィトンの法則——最強のブランド戦略——．東洋経済新報社，2007.

［13］　長沢伸也：それでも強い　ルイ・ヴィトンの秘密．講談社，2009.

［14］　長沢伸也編著，福永輝彦，小山太郎，岩谷昌樹共著：グッチの戦略——名門を3度よみがえらせた驚異のブランドイノベーション——．東洋経済新報社，2014.

[15] 長沢伸也編著，杉本香七共著：シャネルの戦略――究極のラグジュアリーブランドに見る技術経営――．東洋経済新報社，2010.

[16] 長沢伸也：ブランド帝国の素顔 LVMH モエ ヘネシー・ルイ ヴィトン．日本経済新聞社，2002.

[17] 長沢伸也編著，杉本香七共著：カルティエ 最強のブランド創造経営――巨大ラグジュアリー複合企業「リシュモン」に学ぶ感性価値の高め方――．東洋経済新報社，2021.

[18] 長沢伸也：高くても売れるブランドをつくる！――日本発，ラグジュアリーブランドへの挑戦――．同友館，2015.

[19] Kapferer, J.-N., and Bastien, V.: *The Luxury Strategy‐Break the Rules of Marketing to Build Luxury Brands‐*. Kogan Page, London, 2009（長沢伸也訳：ラグジュアリー戦略――真のラグジュアリーブランドをいかに構築しマネジメントするか――．東洋経済新報社，2011).

[20] 日本経済新聞社編：日経業界地図2022年版．日本経済新聞出版，2021.

[21] オンワードホールディングス：2014年2月期決算説明会資料，p. 7，2014.

[22] オンワードホールディングス：第74期連結貸借対照表・連結損益計算書 連結注記表，p. 11，2021年5月27日付.

[23] WWD Japan：伊オンワードラグジュアリーグループの全株式を譲渡 オンワードHD，欧州事業悪化で，2020年12月15日付.

[24] British Vogue: Winser Exits ?. Aquascutum, 22 May 2009,〈https://www.vogue.co.uk/article/kim-winser-leaving-aquascutum〉（2022.11.03閲覧).

[25] 日本経済新聞：レナウン，「アクアスキュータム」の国内商標権取得，2017年12月26日付.

[26] ファーストリテイリング：第59期有価証券報告書，2020年8月31日付.

[27] 伊藤忠商事：〈https://www.itochu.co.jp/ja/business/textile/project/03.html〉（2022.11.03閲覧).

[28] 長沢伸也：国内ファッション・アパレルブランドの現状と課題，商品開発・管理学会第37回全国大会講演・論文集，pp. 65-70, 2022b.

[29] 長沢伸也・石塚千賀子・得能摩利子：究極のブランディング――美意識と経営を融合する――．中央公論新社，2022.

[30] Nagasawa, S.: Japan has developed luxury brands, *Marketing Review St. Gallen*, 33(5), pp. 58-67, 2016.

第6章 買物経験，ブランドのラグジュアリー性と幸福感の関係
——リアル店舗とデジタル店舗における買物経験の考察——

熊谷　健・長沢伸也

は じ め に

　一般的な生活に関し機能的ニーズが満たされている先進国において，マーケティングにおけるキーワードとしてあらためて「幸福感」が注目されている[1]．特に日用品とは異なる特別な製品の購入は，機能的ニーズはもとより，その他のさまざまな消費者願望を満たすことから，消費者の主観的な幸福感（SWB: Subjective well-being）に繋がると考えられる[2.3]．先行研究ではしばしばラグジュアリーブランドにおける憧れや夢の価値（Dream value）の存在が指摘されてきた[4]．ラグジュアリー性が高いブランド製品を入手することにより夢が実現するのであれば，当該ブランド製品の購入は通常のブランド製品にも増して消費者のSWBに貢献するだろう．

　ところで，デジタル化が進む今日，インターネット人口は46億人に達しており[5]，2020年度の消費者向け電子商取引（EC）は世界小売市場の18%を占め前年比27.6%の成長を示した[6]．ラグジュアリー分野も例外ではなく，新型コロナウィルスの蔓延がこのECシフトに拍車をかけている[7]．

　一方，ラグジュアリーブランドビジネスでは伝統的に快楽的でフィジカルなブランド経験が重視され，マーケティング戦略上，自社の特定ブランドのみを取り扱う（モノブランド）リアル店舗の重要性が指摘されてきた[8.9]．敷居が高く荘厳で排他的なリアル・モノブランド店舗に入り，高級感あふれる接客を受け，憧れのラグジュアリーブランド製品を購入するという買物経験は快楽的買物価値（hedonic shopping value）を生み出し[10]，消費者によるブランドの評価を高め，入手したブランド製品に基づくSWBを向上させると考えられる．

　他方，ECでは全ての店舗要素が仮想的であり，リアル店舗と同様の経験を得ることは困難である．仮想空間では，ラグジュアリーブランド店舗を訪問しても高級感あふれる接客や店舗の内外装に実際に接することはできず，ディス

カウント店舗への移動も1クリックで可能であることから，ECで敷居の高さや荘厳さを演出することは難しい．したがって，今日のデジタル社会においてラグジュアリーブランドビジネスを営む企業は新たな戦略課題に直面している．すなわち，「荘厳で排他的なリアル店舗による買物経験を通じて快楽的買物価値を高めブランド評価向上を目指すか，今日的デジタル社会においてECによる売上拡大を目指すか」，というパラドクスである[11]．

　このような視点から，本研究はリアル・モノブランド店舗，快楽的買物価値，購入ブランド製品に基づくSWBの関係，およびこれらの関係に対するブランドのラグジュアリー性の影響について調査・分析するものである．ブランド実務において，ブランドのラグジュアリー性水準に基づくチャネルミックス構築における戦略的示唆を得ることが本研究の目的である．購入製品に基づくSWBは購買意思決定プロセスにおける購買後評価の1つであり，次の購入においてブランド選択に影響する点に鑑みると，本研究の実務的意義は大きい[12]．また，これまでのマーケティング研究や消費者行動研究は消費者のブランド評価や購入行動に注目するものが大半である[13]一方，本研究は購入ブランド製品に基づく購買後評価に注目しているという点に独自性があり，その学術的貢献についても期待したい．

 ## 1　仮説：店舗形態，買物経験，およびSWBの関係

（1）快楽的買物価値に対するリアル・モノブランド店舗における買物経験の影響

　ブランドは他の製品と識別する為の名称・シンボルであると同時に[14]，ブランド経験により形成される感情的・認知的連想の源泉である[15]．ブランド経験が好ましいものであればブランド評価は高まり，ブランドエクイティは強化される．したがって，店舗をはじめとするブランドタッチポイントは経験価値マーケティングにおいて経験価値プロバイダとして重視される[15]．

　これまでの消費者行動研究では，買物行動の役割について，目的製品の購入と合わせて，楽しみとしての役割が指摘されている．こうした議論を踏まえ，Babin et al.（1994）は買物価値について，目的製品の購入というタスクの達成に基づく実用的価値（Utilitarian value）に加えて，買物行動自体を楽しむことによる快楽的価値（Hedonic value）の存在を指摘した[10]．一般的に，デジタル店

舗でも購入タスクは達成可能であり，リアル店舗とデジタル店舗の実用的価値に大きな違いはないかもしれない．一方，消費者はリアル店舗における買物経験を通じて，製品はもとより付帯サービスや店舗の内外装，他の来店客，周辺商業地域の雰囲気等を，デジタル店舗の場合と比べて，より鮮明かつ直接的に感じることができるだろう．したがって，リアル店舗における買物経験は買物の快楽的価値により大きく貢献すると考えられる．

　また，マルチブランド店舗において行われる販売活動は同時並行的に複数ブランドについて行われるのに対して，モノブランド店舗における販売活動では特定の取扱ブランドに焦点があてられる．したがって，モノブランド店舗における買物を通じて，消費者はより内容が濃く質の高いブランドコミュニケーションを経験すると考えられる．以上から，本研究では次の2つの仮説を提案する．

　　仮説1：リアル店舗における買物経験はデジタル店舗の場合よりも快楽的買物価値を増大させる．
　　仮説2：モノブランド店舗における買物経験はマルチブランド店舗の場合よりも快楽的買物価値を増大させる．

（2）SWB に対する快楽的買物価値の影響

　SWB とは生活に関する消費者の主観的かつ総合的な評価で，楽しみや喜び等のポジティブな感情，苦しみや妬み等のネガティブな感情，および，生活満足度や他者からの評価等の認知的要素で構成される[2]．購入を待ち望んでいたブランド製品の入手は消費者の願望やニーズを満たし，SWB に貢献すると考えられる．また，これまでの消費者行動研究では，買物経験は消費者の感情にも貢献し，その経験はブランドや製品の評価にも影響することが指摘されている[15-17]．ブランドや製品の評価が向上すれば，当該ブランド製品に基づく SWB もさらに向上するであろう．さらに，購入直後の SWB が向上すれば，その時点の SWB が低位に留まる場合と比べ，その後の SWB も高くなると考えられる．経験は記憶に残りやすい[18]という点からみても，望ましい買物経験に基づく SWB はその後のブランド製品に基づく SWB に貢献すると考えられる．以上から本研究では次の2つの仮説を提案する．

　　仮説3：快楽的買物価値はブランド製品に基づく購入直後の SWB を増大

させる.

　仮説4：ブランド製品に基づく購入直後のSWBは当該製品に基づくその
　後のSWBを増大させる.

（3）ブランドのラグジュアリー性による調整効果

　これまでの研究では，ラグジュアリーブランドの二面性として個人的快楽的
価値と社会的価値の存在が指摘されている[9].ラグジュアリーブランド製品の保
有・使用を通じて，消費者は高水準の個人的快楽が得られると同時に社会的地
位が高く評価されることから，Dubois and Paternault（1994）はラグジュア
リーブランドにおける憧れや夢の価値の存在を指摘した[4].ここで，リアル・モ
ノブランド店舗における経験に注目すると，快楽的・社会的価値が高いラグ
ジュアリーブランド製品購入時に得られる直接的で鮮明かつ内容が濃く質の高
い買物経験は，消費者が知覚する快楽的買物価値を向上させると考えられる.
以上から本研究では次の仮説を提案する.

　　仮説5：ブランドのラグジュアリー性が高い時，快楽的買物価値に対する
　　リアル店舗における買物経験の影響は増大する.
　　仮説6：ブランドのラグジュアリー性が高い時，快楽的買物価値に対する
　　モノブランド店舗における買物経験の影響は増大する.

　ラグジュアリーブランドの快楽的価値に鑑みると，消費者はラグジュアリー
ブランド製品の購入にあたり快楽的価値を重視すると考えられる.したがって，
ブランド製品評価に繋がるブランド経験によって知覚される快楽的買物価値は
ラグジュアリーブランド製品の評価に貢献するであろう.ブランド製品の評価
が向上すれば，当該製品に基づくSWBも向上すると考えられる.一方，ラグ
ジュアリー性が低水準に留まるブランドの中核は機能的価値であることから[19]，
消費者は一般的なブランド製品の購入にあたり機能的価値を重視すると考えら
れる.当該価値は製品属性に基づくものであり，買物経験のタイプに関わらず
製品の入手によって得ることが可能である.以上から本研究では次の仮説を提
案する.

　　仮説7：ブランドのラグジュアリー性が高い時，購入直後のSWBに対す
　　る快楽的買物価値の影響は増大する.

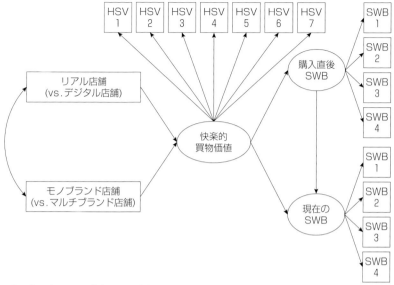

注：本モデルではラグジュアリー性水準の調整効果を検討した.

図 6 ‑ 1　分析モデル

出典：熊谷・長沢（2022）買物経験，ブランドのラグジュアリー性と幸福感の関係：リアル店舗とデ
　　　ジタル店舗における買物経験の考察，感性工学，Vol. 20, No. 2, p. 62, 図 1 .

（4）分析モデル

　本研究では図 6 ‑ 1 のモデルを用いて消費者調査データを分析する．現在の
SWB に対する購入直後 SWB の媒介効果を検討する為，当該モデルには SWB
に対する快楽的買物価値の直接的パスを加えている．

 　　調査・分析の方法

　前掲の 7 つの仮説を検討する為，我が国最大のオンラインリサーチファーム，
マクロミル社を起用しオンライン調査を実施した（2018年12月）．回答者は首都
圏（1 都 3 県：東京都，神奈川県，埼玉県，千葉県）在住の20～60代の女性である．
本研究では，その目的に照らし，ブランドや販路が多様な女性用のハンドバッ
グを調査・分析対象とした．

　まず，回答者は個人所有のハンドバッグの 1 つを特定し，次に当該製品につ
いてブランドのラグジュアリー性，保有期間，および購入チャネル（リアル店

舗 vs. デジタル店舗，モノブランド店舗 vs. マルチブランド店舗）について回答した．次に購入時の快楽的買物価値，当該製品に基づく購入直後の SWB，当該製品に基づく現在の SWB について回答した．ラグジュアリー性は Heine and Phan（2011）に基づく 6 項目[19]，快楽的買物価値は Griffin et al.（2000）に基づく 7 項目[20]，SWB は Chiu et al.（2013）を参考とする 4 項目を用いて測定した[21]（表 6-1）．本調査では，効果量，検出力，有意水準を考慮の上目標サンプル数を400に設定し，年齢帯および購入チャネル毎に同数となるようデータを収集した．

　本研究では，得られたデータについて 2 × 2 の被験者間分散分析により購入チャネルに基づく快楽的買物価値の水準を確認した上で，分析モデル（図 6-1）について Structural equation modeling によるパス解析を行った．解析においては多母集団分析を行い，Chi-square difference test に基づきラグジュアリー性の調整効果について検討した．

③　調査・分析の結果

　調査の結果418の有効サンプルが収集された．サンプル数は購入チャネルグループ毎に，リアル・モノブランド店舗104名，デジタル・モノブランド店舗105名，リアル・マルチブランド店舗105名，デジタル・マルチブランド店舗104名で，20〜60代の年齢レンジ毎のサンプル数は各グループ20〜21名であった．

　CFA の結果，各構成概念について因子負荷量は .648〜 .929，CR は .883〜 .958，AVE は .558〜 .851，Cronbach's alpha は .878〜 .924となり，全ての構成概念について AVE は関連構成概念間の相関係数の平方を上回った（表6-1）．したがって，本研究で用いた構成概念について内部一貫的信頼性，収束的妥当性弁別的妥当性が確認された[22-24]．また，モデルに用いた全変数について Harman's single factor test を行ったところ，因子分析（主因子法，無回転）により複数の因子が抽出され，第 1 因子の寄与率は50％未満であったことから，本研究においてコモンメソッドバイアスの懸念は小さいと判断した[25]．

　2×2分散分析（被験者間）により快楽的買物価値のグループ間比較を行った所，リアル・モノブランド店舗での買物経験において快楽的買物価値が最も高く知覚されることが多重比較（Bonferroni 法）により確認された（$p<.001$〜$p=.006$）．ここでは，リアル店舗（vs. デジタル店舗），モノブランド店舗（vs. マル

表6-1　CFA の結果

構成概念	項目	因子負荷量	CR	AVE	α
ラグジュア リー性	高価格	.648	.883	.558	.878
	高品質	.772			
	審美性	.745			
	稀少性	.686			
	非凡性	.816			
	象徴性	.802			
快楽的 買物価値	本当に楽しい	.851	.928	.651	.921
	ショッピングをしたい	.649			
	他のことより楽しい	.844			
	単に買うためだけでない	.866			
	ワクワクする	.826			
	冒険のような気持ち	.677			
	良い時間を過ごす	.900			
購入直後 SWB	理想的な生活	.818	.943	.806	.899
	素晴らしい生活	.883			
	生活における満足	.815			
	生活における良い経験	.816			
現在の SWB	理想的な生活	.865	.958	.851	.924
	素晴らしい生活	.929			
	生活における満足	.847			
	生活における良い経験	.829			

注：全ての構成概念について AVE は関連構成概念間の相関係数の平方を上回った.
出所：熊谷・長沢（2022）前掲稿, 感性工学, Vol. 20, No. 2, p. 62, 表1.

チブランド店舗）の主効果が確認された（リアル店舗：F（1,414）＝7.932, p＝.005, partial η^2＝.019; モノブランド店舗：F（1,414）＝16.445, $p<.001$, partial η^2＝.038）. またこれらの要因による交互作用の傾向が確認された（交互作用：F（1,414）＝3.605, p＝.058, partial η^2＝.009）.

　次に，分析モデル（図6-1）に基づき多母集団パス解析（Bootstrap＝2000サンプル）を行った. ここではリアル店舗 vs. デジタル店舗，モノブランド店舗 vs. マルチブランド店舗について，それぞれ1 vs. 0のダミー変数を用いた. また，ラグジュアリー性による調整効果を検討する為，回答者を分析対象製品ブランドの知覚ラグジュアリー性スコアに基づく Median split により高ラグジュアリーグループ200名，低ラグジュアリーグループ218名に分けて分析を行った.

　モデル上の各パスについて高低ラグジュアリーグループ間に等値制約をおき

表6-2　パス解析の結果

	高ラグジュアリーグループ			低ラグジュアリーグループ		
	β	t-value	p-value	β	t-value	p-value
リアル店舗（vs. デジタル店舗）→快楽的買物価値	.130	2.586	$p=.010$		←	
モノブランド店舗（vs. マルチブランド店舗）→快楽的買物価値	.111	2.207	$p=.027$		←	
快楽的買物価値→購入直後SWB	.704	9.767	$p<.001$	.540	6.990	$p<.001$
快楽的買物価値→現在のSWB	.034	.702	$p=.483$		←	
購入直後SWB→現在のSWB	.818	13.221	$p<.001$		←	
リアル店舗（vs. デジタル店舗）→現在のSWB（総合効果）	.082		$p=.009$	.062		$p=.009$
モノブランド店舗（vs. マルチブランド店舗）→現在のSWB（総合効果）	.070		$p=.029$	.053		$p=.029$
快楽的買物価値→現在のSWB（間接効果）	.598		$p<.001$	.441		$p<.001$

注：$\chi^2/df=2.550$，RMSEA＝.061，NFI＝.879，CFI＝.922，TLI＝.909，SRMR＝.065．β: 標準化係数．快楽的買物価値→購入直後SWBに関するChi-square difference test結果：$\Delta\chi^2=4.576$，$p=.032$（Bootstrap＝2000サンプル）．リアル店舗とモノブランド店舗の相関は非有意．
出所：熊谷・長沢（2022）前掲稿，感性工学，Vol. 20, No. 2, p. 63，表2．

解析した所，快楽的買物価値→購入直後SWBを等値とした場合にχ^2の有意な変化が確認された（$\Delta\chi^2=4.576$，$p=.032$）．その他のパスについてはχ^2の有意差は確認されなかったことから，これらを等値と見做しあらためて解析した所，$\chi^2/df=2.550$，RMSEA＝.061，NFI＝.879，CFI＝.922，TLI＝.909，SRMR＝.065と十分なモデル適合度が得られた[24]（表6-2）．

　本モデルで確認された各パス係数の値は次の通りである：リアル店舗（vs. デジタル店舗）→快楽的買物価値：$\beta=.130$，$t=2.586$，$p=.010$，モノブランド店舗（vs. マルチブランド店舗）→快楽的買物価値：$\beta=.111$，$t=2.207$，$p=.027$，快楽的買物価値→購入直後SWB：高ラグジュアリーグループ：$\beta=.704$，$t=9.767$，$p<.001$，低ラグジュアリーグループ：$\beta=.540$，$t=6.990$，$p<.001$，快楽的買物価値→現在のSWB：$\beta=.034$，$t=.702$，$p=.483$，購入直後SWB→現在のSWB：$\beta=.818$，$t=13.221$，$p<.001$．これらの結果から仮説1～4および仮説7が支持される一方，仮説5～6は支持されなかった．また，

本モデルにおいてリアル店舗（vs. デジタル店舗）とモノブランド店舗（vs. マルチブランド店舗）の相関は非有意であった．

　なお，現在のSWBに対するリアル店舗（vs. デジタル店舗）の総合効果は，高ラグジュアリーグループ：$\beta = .082$, $p = .009$, 低ラグジュアリーグループ：$\beta = .062$, $p = .009$, モノブランド店舗（vs. マルチブランド店舗）の総合効果は，高ラグジュアリーグループ：$\beta = .070$, $p = .029$, 低ラグジュアリーグループ：$\beta = .053$, $p = .029$であった．また，現在のSWBに対する快楽的買物価値の間接効果は，高ラグジュアリーグループ：$\beta = .598$, $p < .001$, 低ラグジュアリーグループ：$\beta = .441$, $p < .001$であった（βはいずれも標準化係数を示す）．

お わ り に

　本研究の結果から，購入チャネルに基づく買物経験が購入ブランド製品に基づく消費者の幸福感に影響することが確認された．調査データは，リアル・モノブランド店舗における買物経験が快楽的買物価値を高め，購入製品に基づく消費者の幸福感を向上させることを示唆している．また，これらの効果は，購入直後はもとより，その後の幸福感に影響していることも示唆された．購入したブランド製品によって知覚される幸福感が持続すれば，購入者が次の購入においても当該ブランドを選択する可能性が高まるだろう．

　また，分析結果は，ラグジュアリー性が高水準のブランドの場合に，リアル・モノブランド店舗における快楽的買物経験の幸福感に対する貢献がより大きくなることが示唆された．したがって，特にラグジュアリーブランドビジネスを営む企業では，コロナ禍を経てデジタル小売が急拡大する中にあっても，引続きリアル・モノブランド店舗による買物経験創出を重視することが望ましいといえる．この結果は，これまでのラグジュアリーブランド研究における報告を補強するものである[9]．

　一方，ラグジュアリー性が低水準に留まるブランドの場合，リアル・モノブランド店舗における買物経験の幸福感に対する効果はラグジュアリー性が高水準の場合ほど大きくないことが示唆された．したがって，ラグジュアリー性が低い一般ブランドについては，少なくともラグジュアリーブランドとの比較において，より積極的なECシフトが可能であろう．

　本研究の結果において注意が必要なのは，ラグジュアリー性による正の調整

効果がみられるのは SWB に対する快楽的買物価値の効果であり，リアル・モノブランド店舗における買物経験の快楽的買物価値形成インパクトは，ラグジュアリー性水準に関わらず一定とみられる点である．この結果は，一般企業がラグジュアリーブランドと同水準の快楽的価値形成インパクトをリアル・モノブランド店舗に見出しラグジュアリーブランドと同様のチャネルミックスを構築しても，ラグジュアリーブランドと同様の SWB 向上効果は期待しづらいことを示している．

　ところで，デジタル・マルチブランド店舗における販管費は，リアル・モノブランド店舗と比べて小さいことから，企業は EC を通じて店舗運営効率の向上が期待できる．しかし，本研究は店舗運営効率について考慮していない．また，本研究では女性用ハンドバッグを分析対象としたが，当該製品は日用品とは異なることから，消費者はラグジュアリー性水準に関わらず一定の快楽的価値を期待する可能性がある．この場合，快楽的買物価値の SWB 形成インパクトが大きくなる可能性があることから，本研究の結果を一般化するには，機能的価値が中核である日用品を対象とする追加的調査・分析が望まれる．さらに，本研究は新型コロナウィルスの感染拡大前に収集されたデータに基づいている．感染拡大に伴う消費者の意識変化の可能性に鑑みると，改めて調査を実施しデータを精査する必要があろう．

　付記　本章は Kumagai and Nagasawa（2022a）[26]に分析モデルの変更と追加的分析を加えた発展研究であり，熊谷・長沢（2022b）[27]が初出である．

参 考 文 献

［1］　高木健一：全国消費者実態・幸福度調査，PWC コンサルティング合同会社，2020.

［2］　Diener, E.: Subjective Well-being, *Psychological Bulletin*, 95(3), pp. 542-575, 1984.

［3］　李炅泰：物質的消費志向と主観的ウェルビーイングの関係――ラグジュアリー消費の文脈から――，商品開発・管理研究，14(1), pp. 3-20, 2017.

［4］　Dubois, B., and Paternault, C.: Understanding the World of International Luxury Brands: the Dream Formula, *Journal of Advertising Research*, 35(4), pp. 69-77, 1995.

［5］　Johnson, J.: Worldwide Digital Population as of January 2021, Statista, 2021, 〈https://www.statista.com/statistics/617136/digital-population-worldwide/〉（2021. 03. 31閲覧）.

［ 6 ］　eMarketer: Worldwide Ecommerce will Approach $5 Trillion This Year, eMar-keter, 2021,〈https://www.emarketer.com/content/worldwide-ecommerce-will-approach-5-trillion-this-year〉（2021. 03. 31閲覧）.

［ 7 ］　D'Arpizio, C., and Levato, F.: ALTAGAMMA 2018 Worldwide Luxury Market Monitor, 2018,〈https://altagamma.it/media/source/WORLDWIDE%20LUXURY% 20MARKET%20MONITOR_BAIN.pdf〉（2018. 11. 15閲覧）.

［ 8 ］　Moore, C. M., Doherty, A. M., and Doyle, S. A.: Flagship Stores as a Market Entry Method: The Perspective of Luxury Fashion Retailing, *European Journal of Marketing*, 44（1/2）, pp. 139-161, 2010.

［ 9 ］　Kapferer, J. N., and Bastien, M.: *The Luxury Strategy: Break the Rules of Mar-keting to Build Luxury Brands*, 2nd ed., Kogan Page Limited, 2012.

［10］　Babin, B. J., Darden, W. R., Griffin, M.: Work and/or fun: Measuring Hedonic and Utilitarian Shopping Value, *Journal of Consumer Research*, 20（4）, pp. 644-656, 1994.

［11］　Okonkwo, U.: Sustaining the Luxury Brand on the Internet, *Journal of Brand Management*, 16（5-6）, pp. 302-310, 2009.

［12］　Blackwell, R. D., Miniard, P. W., Engel, J. F.: *Consumer Behavior, Ninth Edi-tion*, Harcourt, Inc., 2001.

［13］　Pham, M. T.: On Consumption Happiness: A Research Dialogue, *Journal of Consumer Psychology*, 25（1）, pp. 150-151, 2015.

［14］　American Marketing Association:〈https://www.ama.org/the-definition-of-marketing-what-is-marketing/〉（2021. 07. 10閲覧）.

［15］　Schmitt B. H.: *Experiential Marketing*, The Free Press, 1999.

［16］　Allard, T., Babin, B. J., and Chebat, J. C.: When Income Matters: Customers' Evaluation of Shopping Malls' Hedonic and Utilitarian Orientations, *Journal of Retailing and Consumer Services*, 16（1）, pp. 40-49, 2009.

［17］　Brakus, J. J., Schmitt, B. H., and Zarantonello, L.: Brand Experience: What is it？ How is It Measured？ Does It Affect Loyalty？", *Journal of Marketing*, 73（3）, pp. 52-68, 2009.

［18］　Pine II, B. J., and Gilmore, H. G.: *The Experience Economy*, Harvard Business Review Press, 1999.

［19］　Heine, K., and Phan, M.: Trading-up Mass-market Goods to Luxury Products, *Australasian Marketing Journal*, 19（2）, pp. 108-114, 2011.

［20］　Griffin, M., Babin, B. J., and Modianos, D.: Shopping Values of Russian Consum-ers: The Impact of Habituation in a Developing Economy, *Journal of Retailing*, 76（1）, pp. 33-52, 2000.

［21］　Chiu, C. M., Cheng, H. L., Huang, H. Y., and Chen, C. F.: Exploring Individuals'

Subjective Well-being and Loyalty towards Social Network Sites from the Perspective of Network Externalities: The Facebook Case, *International Journal of Information Management*, 33(3), pp. 539-552, 2013.

[22]　Fornell, C., and Larker, D. F.: Evaluating Structural Equation Models with Unobservable Variables and Measurement Error, *Journal of Marketing Research*, 18 (1), pp. 39-50, 1981.

[23]　Peterson, R. A.: A Meta-analysis of Cronbach's Coefficient Alpha, *Journal of Consumer Research*, 21(2), pp. 381-391, 1994.

[24]　Hair, J. F., Black, W. C., Babin, B. J., and Anderson, R. E.: *Multivariate Data Analysis*, 7th ed., Pearson Education, 2014.

[25]　Jakobsen, M. and Jensen, R.: Common Method Bias in Public Management Studies, *International Public Management Journal*, 18(1), pp. 3-30, 2015.

[26]　Kumagai, K. and Nagasawa, S.: Hedonic Shopping Experience, Subjective Well-being and Brand Luxury: A Comparative Discussion of Physical Stores and E-retailers, *Asian Pacific Journal of Marketing and Logistics*, 34(9), pp. 1809-1826, 2022a.

[27]　熊谷健・長沢伸也：買物経験，ブランドのラグジュアリー性と幸福感の関係：リアル店舗とデジタル店舗における買物経験の考察，感性工学，20(2)，pp. 60-64, 2022b.

第7章 モンブランのラグジュアリー戦略
——歴史・土地・人物・技術のブランド要素化——

長沢伸也・杉本香七

は じ め に

　ラグジュアリーブランドでは，日用生活品や汎用品においては無視されている歴史・土地・人物・技術をブランドの要素として活用してブランド要素化（経営資源化）することが，感性価値を高める必要条件である．

　本章では，リシュモン［Richemont］傘下のブランドであるモンブラン［Montblanc］（ドイツ）を例に，歴史，土地，人物，技術をブランド要素（経営資源）として活用するブランディングについて説明する[1, 2]．

 　日用生活品とラグジュアリーのブランドの構成要素の違い

（1）日用消費財や汎用品におけるブランド構成要素

　コカ・コーラ（［Coca-Cola］）に代表される日用消費材［FMCG］や汎用品（コモディティ）では，ブランドの構成要素として一般に，① ネーム（名称），② ロゴ（ロゴマーク，ロゴタイプ），③ キャラクター，④ スローガン（キャッチコピー），⑤ ジングル（音，音楽），⑥ パッケージ（包装，容器）の6つが挙げられる．

　各要素は一貫したブランドイメージを与えることができるように設計することで，他の商品・サービスとの差別化を図ることができるとされている．

（2）ラグジュアリーにおけるブランド構成要素

　ラグジュアリーブランドでも，ネーム，ロゴ，パッケージは必要である．また，スローガンとして，デビアス［De Beers］の「ダイヤモンドは永遠の輝き［A Diamond is Forever］」は，20世紀のマーケティングの歴史の中において最も成功したスローガンの1つである．ただし，ラグジュアリーブランドは，一部の化粧品や香水を例外とすれば，全般にテレビ CM をほとんどしないので，

CMソングのようなジングルは有効とは思われないし，ケンタッキー・フライドチキン（KFC）のカーネル・サンダース［Colonel Sanders］小父さんの立像のようなキャラクターは逆効果であろう．

　一方，ラグジュアリーブランドでは，日用消費材や汎用品で無視されている以下の要素が重要であると，筆者らの20年以上に及ぶ研究から結論付けた．

　　① 歴史（単なる年号ではなく，歴史上の出来事や著名人）
　　② 土地（産地，創業地，主力工場所在地．国よりも地域や村単位）
　　③ 人物（ヒーロー，偉大な業績をブランドに残した重要人物．創業者，技術者，職人，
　　　　デザイナーなどの想い，情熱，こだわりへの敬意・賛辞）
　　④ 技術（特許，ノウハウ，デザインを含む）

　これらをブランドの構成要素として昇華し活用してブランド要素化（経営資源化）することが，感性価値を高める必要条件である．

（3）無形の価値を認識し，活用し，伸長する

　生活必需品ではない「趣味のもの」をつくってブランド力を強化し高く売るためには，ブランドにおけるものづくりに関わる歴史，土地，人物，技術をマネジメントする必要がある．具体的には，ブランド要素（経営資源）として積極的に活用して，表7‐1に示すように，ブランドの正統性と真正性，想い，情熱，こだわり，独自性や正当性といった無形価値を打ち出し「見える化」するのである．

　ブランド要素（経営資源）との対応は，具体的に以下のようになる．

　　① 歴史的事実に裏付けられた伝統を通してブランドの正統性と真正性を
　　　打ち出す．
　　② 創業地や主力工場所在地への愛着や誇りを通してブランドの正統性と
　　　真正性を打ち出す．テロワール［terroir］というフランス語は，耕作適
　　　地，特にワイン用の葡萄産地を指し，その土地固有の味わいを愛でる際
　　　に土地を限定する言葉であるが，この農業における概念をものづくりに
　　　拡大したい．つまり，土地に根差したものづくり，土地に固有で根付い
　　　たものづくり，土地に基盤を置き定着したものづくり，あるいは物品を
　　　産出する土地を限定して愛でる言葉として「ものづくりにおけるテロ

表7-1　ブランド要素の活用による無形価値の「見える化」

ブランド要素（経営資源）	焦点	打ち出す無形価値
歴史（単なる年号ではなく，歴史上の出来事や著名人）	歴史的事実に裏付けられた伝統	ブランドの正統性と真正性
土地（産地，創業地，主力工場所在地.国よりも地域や村単位）	土地への愛着や誇り	ブランドの正統性と真正性
人物（ヒーロー，偉大な業績をブランドに残した重要人物.創業者，技術者，職人，デザイナー）	重要人物が残した偉大な業績への敬意・賛辞	ブランドの想い，情熱，こだわり
技術（特許，ノウハウ，デザインを含む）	ブランド固有の技術の解説と特長の強調	ブランドの独自性と正当性

出所：長沢伸也，石塚千賀子，得能摩利子（2022）究極のブランディング―美意識と経営を融合する―，中央公論新社，p. 74，表7.

ワール」のように使用し，解釈したい.

③　創業者，技術者，デザイナーといったブランドに関わる重要人物（ヒーロー）やアイコン製品のつくり手が残した偉大な業績への敬意・賛辞を通して発現されるブランドの想い，情熱，こだわりを打ち出す.

④　特許，ノウハウ，デザインを含むブランド固有の技術の解説と特長の強調を通してブランドの独自性と正当性を打ち出す.

　換言すれば，目に見える製品に，目に見えない価値であるブランドの正統性と真正性，想い，情熱，こだわり，ブランドの独自性と正当性をくっつけて売ることが，「美意識に基づくブランディング」の決め手になる.

　ブランドが有するこれらの無形の価値を認識し（気づき，言葉にし，概念にする），活用し，伸長するのである.

　これらについて，本稿では具体的なブランドの例を用いて解説する.[3-5]

②　モンブラン
――一生モノの万年筆から本物志向の時計まで――

（1）創　業

　リシュモングループ傘下の筆記具ブランドであるモンブランは，洗練された高品質の筆記具メーカーとして知られている.

　ハンブルクの銀行家アルフレッド・ネヘミアス［Alfred Nehemias］とベルリ

ンの技術者アウグスト・エーベルシュタイン［August Eberstein］，ハンブルク
の文具商クラウス＝ヨハネス・フォス［Klauss-Johannes Voss］がハンブルクで
1906年に「シンプロ・フィラーペン・カンパニー［Simplo Filler Pen Co.］」を創
業して，万年筆の製造・販売を開始した．

　1909年に「モンブラン」のネーミングを商標登録，1913年にロゴマーク「ホ
ワイトスター［White Star］」を採用する．1924年に『マイスターシュテュック
［Meisterstück］』を発表，1934年に「モンブラン・シンプロ社［Montblanc Simplo
GmbH］」に社名を変更する．

　1977年，アルフレッド・ダンヒル［Alfred Dunhill］社がモンブラン社の株を
買い占め傘下とし，1985年，ダンヒルがモンブランを買収．1993年，そのダン
ヒルがリシュモングループに買収され，リシュモンの傘下となる．

（2）時計事業への参入

　モンブランの時計事業参入は1997年で，当初の10年ほどは「どうして万年筆
のモンブランが時計を？」という違和感と「おっかなびっくり」のような時計
だったが，2010年代の10年間で違和感がないどころか，存在感のある時計ブラ
ンドとなった．

　他の有名筆記具メーカー，例えば米パーカー［Parker］や独ペリカン
［Pelikan］，日本のパイロット［Pilot］，セーラー［Sailor］，プラチナ［Platinum
Pen］などが時計をつくっていないことからも，モンブランは稀有な例であり，
ブランド論的にも興味深い．

　モンブランの時計製造のマニュファクチュール［*manufacture*］（時計工房）は，
スイスのル・ロックル［Le Locle］とヴィルレ［Villeret］にある．

　ル・ロックルにあるモンブランのマニュファクチュールは，モントル・モン
ブラン S. A.［Montre Montblanc S. A.］の本社でもあり，お城のような館の半地
下がマニュファクチュールになっている．写真7－1に示すように，正面入り
口側からはわからず，秘密基地のようである．

　ヴィルレにあるマニュファクチュールを写真7－2に示す．このマニュファ
クチュールは，かつてのミネルバ［Minerva］である．

　ミネルバ社は機械式クロノグラフ（ストップウォッチ機能を備えた時計）で名声
を得た老舗ブランドで，各社がエボーシュ［*ébauche*：ムーブメント専業メーカーが
作る汎用ムーブメント］を使用していたエタブリサージュ［*établissage*：組み立て］

(b)庭園側（建物側道から）

(a)正面入り口側（前面道路から）

写真7-1　スイスのル・ロックル［Le Locle］にあるモンブランのマニュファクチュール

出所：筆者撮影.

(a)外観（前面道路から）

(b)入り口に表示されている「ミネルバ高級時計研究所（Institut Minerva de Recherche en Haute Horlogerie）」

写真7-2　スイスのヴィルレ［Villeret］にあるモンブランのマニュファクチュール

出所：筆者撮影.

が一般的だった時代において，自社開発したクロノグラフムーブメントを製造
できる能力を持ったブランドであった．2006年にリシュモングループが買収し
て傘下になり，モンブランの時計部門に入って現在に至っている．

　また，現在は「ミネルバからのインスピレーション」として『モンブラン
1858コレクション』を展開している．「1858」は旧ミネルバの創業年である．

 ## 3　歴史を強化・強調する

（1）歴史が足りなければ発掘・買収で歴史を編纂し積み増す

　元々長い歴史を持っていない会社には打つ手がないのかと言えば，そうでは
ない．歴史が途切れている場合や，自社にない場合は買収によって補完する方
法もある．どうせなら，歴史がある企業を選んで買収し，歴史を「でっち上げ
る」と言うと聞こえが悪いが，歴史を「編纂」するやり方である．買収したこ
とをことさら強調する必要はないが，買収した会社の歴史を受け継ぎ「一緒に
なった姿」を強調すれば，嘘にはならないし，長い歴史があるような印象を与
えることができる．

　意見は分かれるかもしれないが，このような「歴史の編纂」は消費者にとっ
て安心や信頼感をもたらすので，「捏造」や「誇張」とは違って推進して然る
べきではないか．買収のメリットは「自社にないリソースを獲得する」ことで
あり，その中には歴史も含まれていることを看過すべきではない．

　リシュモン傘下の筆記具ブランドであるモンブラン自体の創業は1906年で長
いものの，時計の世界では新参者である．時計事業参入は1997年と最近のこと
であるが，脈々と続く歴史と長年蓄積された高い技術を価値の中心として訴求
するのが標準的な高級時計の競争において歴史が浅いのは不利である．そこで，
モンブランは買収したミネルバ社の歴史を活用している．

　その活用の仕方も，時計事業参入直後の2000年代から時計事業が飛躍した
2010年代では変化している．

（2）モンブランの時計事業──2000年代──

　ミネルバの買収が完了した2007年，リシュモンは同社をミネルバ高級時計研
究所［*Institut Minerva de Recherche en Haute Horlogerie*］に改組し，モンブランの
名の下に，ミネルバ製のムーブメントを搭載した4つの新作『コレクション

ヴィルレ 1858 [Collection Villeret 1858]』を発表した．「ヴィルレ」は旧ミネルバの創業地で，現在のモンブランのマニュファクチュールの所在地である．メインは，腕時計用クロノグラフのキャリバー13-21こと，MB M13.21を搭載したクロノグラフである．以降，このムーブメントをモンブランはさまざまなモデルに搭載してきた．休眠状態だったミネルバが，年産20万本の時計ブランドにまで成長したモンブランに委ねられて表舞台に戻ってきたといえる．ただし，価格はミネルバ時代よりもかなり高くなった．

　時計事業参入直後の2000年代のモンブランは，リシュモンが買収してマニュファクチュールの一つとなった旧ミネルバのムーブメントを，高すぎて売れなくても，ミネルバの精神を踏襲しているとして，つまり，アイコンないしは「錦の御旗」として，その歴史を活用して正統性を打ち出そうとしたといえる．つまり，モンブランが創業した1906年や時計事業を始めた1997年を遥かに遡って，ミネルバの創業年1858年に書き換えたといえる．また，それと共に，万年筆のモンブランが時計を手掛けるという違和感に対して，ミネルバを前面に出して正統性をアピールしたといえる．

（3）モンブランの時計事業──2010年代──

　そして2011年にモンブランの路線が大きく変わる．『コレクション　ヴィルレ 1858』の新作はアヴァンギャルドなデザインから，往年のミネルバを思わせるクラシカルなデザインに回帰した．とりわけ，『ヴィンテージ　パルソグラフ [the Vintage Pulsograph]』は，アイコンとして極めて凝った仕上げはそのままに，ブラックエナメルを文字盤にあしらった好事家向けのタイムピースとなった．

　2013年にジャガー・ルクルト CEO からモンブランの CEO となったジェローム・ランベール [Jérôme Rambert]（現リシュモン CEO）は，古典的な時計づくりを守るミネルバを「宝」と評して，単なるアイコンに留めるのではなく，実際に手に入るコレクションとして打ち出そうとした．それは，かつてのミネルバが目指した路線への回帰であった．

　そして2019年，モンブランは枝分かれしすぎたプロダクトラインを『ヘリテイジ [Heritage]』『1858』『タイムウォーカー [Time Walker]』『スターレガシー [Star Legacy]』の４つに統合した（写真7-3）．そして，クラシカルなラインを担う前者２つの最上位ラインに，ミネルバ製ムーブメントを与えた．ミネルバ

写真 7 - 3　モンブラン『1858』
オートマティック
40 mm MB119065
出所：長沢所蔵品：モンブラン カタロ
グより許可を得て転載.

として切り分けるのではなく，既存のライン
の延長線上に置いた.『モンブラン ヘリテイ
ジ パルソグラフ リミテッドエディション
100［Montblanc Heritage Pulsograph Limited Edi-
tion 100］』は，そういった方向性から生まれ
た新作だった. 従来と同じ MB M13.21搭載
の傑出した仕上げでも，ケース素材には SS
（ステンレススチール）が採用され，価格帯は
300万円台にまで引き下げられた. 従来と同
じ MB M13.21搭載の傑出した仕上げでも，
ケース素材には SS（ステンレススチール）が採
用され，価格帯は300万円台にまで引き下げ
られた. そしてデザインも，ロゴを見なけれ
ばモンブランとはわからない1940年代から50
年代のミネルバ製クロノグラフを思わせるシ
ンプルなものに改められた.[6]

　つまり，時計事業が飛躍した2010年代におけるモンブランは，ミネルバのブ
ランドを活用したといえる.[7]

　万年筆のモンブランが時計を手掛けるという違和感に対して，時計の技術と
歴史があるミネルバを前面に出して正統性をアピールするという強調手法で，
新規事業も老舗レベルに昇華させた見事な事例である. そそっかしい人が「モ
ンブランは1858年に創業して，当初から時計を製作していた」と思ったとして
も不思議ではない.

　日本には，自力ではやっていけなくても，いい意味での古さと，高い技術を
持つ企業が埋もれている. 合併，買収，協力企業を探す際に参考になる事例と
していただきたい.

 歴史を社会貢献に結び付けて潜在顧客層との出会いの場とする

　歴史は，文化が創出する価値を社会貢献や販売に使うのみならず，社会貢献
に結びつけて潜在顧客へのアクセス手段に伸長することができる. ブランドの
歴史と関連性が高い分野で社会貢献を続けることは，潜在顧客層との繋がりを

持つ手段にもなる．モンブランは，自社の歴史そのものであるコアプロダクトの特性を社会貢献に紐づけて，潜在顧客層にアクセスする機会を獲得している．

　芸術・文化の発展に対して時間，エネルギーと資金面での貢献をした現代のアートパトロンに敬意を表し，サポートする目的で1992年にモンブラン文化財団［La Fondation Montblanc de la Culture］を設立し，芸術支援をする現代のパトロンの活動に対して賞を贈る，唯一の国際的アワードのモンブラン国際文化賞［Montblanc de la Culture Arts Patronage Award］などを行っている．

　これだけなら何の変哲もない，企業による芸術支援であるが，同社は他にも「書く」行為にスポットを当てた社会貢献プロジェクトを行っている．長年提携しているユニセフと2004年には初のジョイントプロジェクトとして，世界の子どもたちに質の高い教育の提供を促進させる「ライト・トゥ・ライト［(Sign up for) The Right to Write：書く権利のためにサインを]」キャンペーンを行った．続いて2009年には世界の非識字の問題に取り組み，マイスターシュテュック「シグネチャー・フォー・グッド［Signature for Good：良いことのために署名を]」プログラムを行い，430万ドルを調達した．2013年にはユニセフの教育プログラム支援をし，いずれも多額の寄付を集めることに成功している．また同年，ネルソン・マンデラ基金［The Nelson Mandela Children's Fund, Tribeca Film Institute］と共に「パワー・オブ・ワーズ（Power of Words：言葉の力)」プロジェクトを開始した．南アフリカの元大統領ネルソン・マンデラの言葉を特集したショートフィルムが製作され，ニューヨークを象徴するタイムズスクエアで毎晩深夜まで上映され話題を集めた．続いて2014年には「パワー・オブ・ワーズ」プロジェクトを拡大している[8]．

　このように，「元は万年筆ブランドであるモンブラン」が，同社の核であり歴史である「言葉」「書く」という行為の追求に関連性が高い社会貢献を続けることは，ブランドとプロダクトの結びつきによるイメージ強化と向上に繋がりやすい．子どもにアクセスして，ブランド名やイメージを幼少期から刷り込み，大人になってから愛好してもらう素地をつくるという大手ハンバーガーチェーンのようなやり方は，高級ブランドには不向きに思われる．しかし，このように社会貢献という形態なら十分可能である．消費者にとってもわかりやすく，関連性の高い分野を見つけて社会貢献を行うことの効果がわかる事例である．

　日本企業は本業や祖業に関係なくスポーツなど目立つ分野に社会貢献しようとする場合が多いようである．これに対して，モンブランは最近では時計も充

実してきたが祖業は万年筆であり，「言葉」「書く」にこだわった社会貢献の方がブランドの歴史を伸長させることにも繋がり，効果的である.[3]

 5 土地の存在と内容を認識する
──創業の想いを地名に託し，ブランド名やロゴで表明する──

モンブランの事例は，最も単純でわかりやすい.

土地といっても，モンブランは山の名前である. 創業当初の名前はモンブランではなかったが，万年筆はインク漏れが当たり前だった当時，「最高の品質を目指そう. 欧州の最高峰はどこだ？ モンブランだ」ということでブランド名になった. モンブランはドイツではなく，フランスとイタリアの国境にあるし，フランス語の名称なので，ドイツのブランドの名称として違和感があるかもしれないが，こういう理由でブランド名になった.

モンブランのロゴマーク「ホワイトスター」は，丸みを帯びた六角形の星の形をしている. 1913年に採用され，以来，モンブランのロゴとして親しまれている. このロゴマークは，雪を被ったヨーロッパの最高峰モンブランをイメージしている. 「4810」も併せて使用されているが，これは，モンブランの標高を表している. 日本で言えば「富士（山）」といったところか. 確かに「富士（不二）〇〇」という企業は多い. みずほ銀行の前身の1つである富士銀行はロゴも富士山を図案化していた. 「みずほ」になって，「瑞穂」や原義の「瑞々しい稲の穂」がどう使われているかは寡聞にして知らない.

土地と創業の想いが直結していない場合は，消費者にとっても社内の人間にとっても価値を理解しにくいので一工夫必要である. モンブランの事例に見られるように，創業の想いをブランド名とロゴマークで表明してあると説明機会を得られるし，価値を象徴化しやすいので認識可能な状態になる.

このように，創業の想いと，事業を実現するのに不可欠な特徴（価値）を持った土地をブランド名に反映させる手法はものづくり企業にとって特に参考になる. 日本でも，土地の特徴（価値）をネーミングに用いた例は多数ある. 企業ではないが，東京都品川区にある有名な商店街の名前は，戸越銀座である. 命名の由来は，日本一の商業地であった本家の「銀座」から煉瓦を譲り受けただけでなく，銀座の賑わいにもあやかりたいという想いから，「戸越」と「銀座」を繋げて「戸越銀座」と名乗ったのが始まりとされている.[9]

「銀座」という土地が持つ「高級で賑わっている」という，広く浸透してい

るイメージの力を庶民的な商店街に付与することで，想いを込めたわかりやすい例である．これが仮に「戸越繁栄商店街」だったらわかりやすいかわりに想いは伝わらなかったかもしれないし，人々の記憶にも残りにくいであろう．

6　土地を強化・強調する
──土地（生産地）を最適な場所に分散させ価値を強化する──

　モンブランは，創業地にあえてこだわらず，プロダクト分野別に最適な生産地を選択する「生産地の最適化」を実行してブランド価値向上に繋げている．

　2004年から2013年までモンブランCEOを務めたルッツ・ベートゲ［Lutz Bethge］は，モンブランのDNAについて筆記具製造はドイツ，時計製造はスイス（2拠点），ジュエリーのデザインはフランス，そしてレザー製品の製造はイタリアに拠点を置く国際的なブランドだと説明している．いずれの分野も，各国のお家芸と言っても過言ではない．ブランドの本拠地，生誕地（モンブランの場合はドイツ）に集結させてブランドDNAを強調するやり方もあるが，あえてそうせず各分野を最も得意とする国に本拠地を分散させて質を高めるやり方をとっているところが特徴的である．拠点も事業も分かれてはいるものの，必要に応じてハンブルクの職人とパリのジュエリーデザイナーが連携したり，ノウハウのシェアをしたりすることもあり，ブランド全体がチームとして一体感を持って運営されているのは間違いない．

　取材で同社のハンブルク本社を訪れた筆者は，到達目標は明確にされ，役割別に分業が行われていながらもチームが団結してものづくりへの情熱を共有しており，技術者たちが醸し出す家族的な雰囲気が印象的であった．万年筆製造をする技術者たちの中には勤続20年や35年を超える者もいる．精緻なものづくりで最高品質のものを生み出すための施設や組織構造とノウハウ，その仕組みから生み出されるものづくりへの情熱と，注文数から弾き出された必要最低数に抑えた生産量などが同社成功の秘訣の大きな要因の1つという分析もある[10]．

　現在は筆記具だけでなく，時計やアクセサリーまで扱うモンブランを，2013年（～2017年）にCEOに就任したジェローム・ランベールはライフスタイルブランドだと説明している．一方で，筆記具ブランドが片手間にやっているレベルではなく，時計事業はまるで独立した1つの別会社のようである．

　2013年度の時点で，すでに売上高の6割弱は腕時計，フレグランス，革製品などが占めるほどに成長し，年次報告書には「万年筆はもはや中核事業とは言

えない」と記された．このように事業領域が拡大すると，ブランド哲学は組織内にうまく浸透せず，質の低下などが問題となることがある．ランベールは「ブランドが持つ潜在性を最大限に発揮して，最高のチームワークで生産性と質が上がるようにマネジメントする」ことと「（時計や筆記具など既存のものの使用を通して）顧客が今までにしたことのない体験からくる感動を提供すること」が自分のミッションであるという自負のもと，生産地の最適化をはじめ，数々の成果を挙げた．以前のジャガー・ルクルトでの活躍やモンブランでの功績も認められて，リシュモングループが2017年3月に廃止した最高経営責任者（CEO）の役職を復活させ，2017年より務めていた最高執行責任者（COO）からグループCEOに昇進したことが彼の成果の大きさを物語っている[11]．

　このように，プロダクト分野に応じて最適な生産地を選択する「土地の強化」は高等戦術ではあるが有効な手段であることが示されている事例である．

　なお，この生産地は，特別な時に訪問し，普段は心の中にある聖地のような存在であるのに対し，店舗は日常的に訪問する神殿のような存在である．信心深い参拝者が多く訪れることで知られる一等地に神殿（店舗）を構えることは，業界内の地位を表明するのと同様の意味を持つと言っても過言ではない．繁華街には，繁華街を訪れるような顧客が集まり，一等地には一等地で一流品を求めに来る顧客，一流品を身に着け，価値を理解している顧客が集まる．

 7　人物を伸張する──伝説の時計師をアピール材料にする──

　ブランドのストーリー（物語）やヒストリー（歴史）を創るのは，別にでっち上げるとか嘘をつくのではなくて，クリエイションだと思われる．例えば生真面目なドイツのブランド，モンブランは万年筆で有名であるが，モンブランは今や時計や革製品，香水もつくっている．

　モンブランが時計を始めたのは1997年からである．ところが，ラグジュアリーには歴史が必要であるのに対して，モンブランには時計製作の歴史がない．そこでモンブランが用意したのが『モンブラン　ニコラ・リューセック　コレクション［Montblanc Nicolas Rieusesec Collection］』である．ニコラ・リューセックという人はクロノグラフ，要するにストップウォッチを19世紀前半に発明したといわれている時計師である．

　円盤（ディスク）が回転して，そこに測定開始点にインクを垂らして，計時

測定終了時点にまたプロットして，円弧の長さで経過時間を計るという機構を，19世紀初頭にニコラ・リューセックが発明した．インクを垂らすのは万年筆の原理，万年筆といえばモンブランというわけである．それでモンブランはこの『ニコラ・リューセック コレクション』をつくったと言っている．

> オフセンターに配置された「時」「分」のダイヤル，ディスクを支えるアイコニックなブリッジ，回転するディスクと静止した針で短い時間を計測するという方法を採用しているモンブラン ニコラ・リューセック クロノグラフ．
>
> 固定された指針にインクの入った容器が取り付けられ，回転するエナメルディスクに印を付けて時間を記録するという時計師ニコラ・リューセックが発明したクロノグラフ（ギリシア語でchronos＝時間，graphein＝書くこと）からインスピレーションを得て，「書くこと」に深く根差しているモンブランが彼に敬意を表し，2008年に発表した初の自社ムーブメント搭載モデルです．
>
> モンブランのニコラ・リューセック クロノグラフ オートマチックでは，伝説の時計職人から名前を受け継いだだけではありません．彼のクリエイティブ精神も今に引き継いでいるのです．[12]

　このように説明されると，そそっかしい人はモンブランは19世紀初頭から時計をつくっているのだと思い込む．

　でも，モンブランは19世紀初頭から時計をつくっているとは一言もいっていない．これを考えた人は頭がいいと思う．こういう話を発掘してきて，万年筆に自然に結びつける．ストーリーとヒストリーをつくる．したがって，でっち上げというよりも，クリエイションだと思われる．このクリエイションをマネジメントする必要がある．[13]

 8　独自技術を伸張する
　　　——廃れつつあるプロダクトの存在価値を技術で再び引き出す——

　プロダクトはもちろんのこと，サービス面においてもイノベーションを起こすことはモンブランにとって最重要課題として君臨する．本事例は，ヒューマンテクノロジーによるマシンテクノロジーへの逆襲と言ってもいいであろう．モンブランの主力プロダクトである万年筆は手書き文字ツールであるが，パソ

コンやスマートフォンの普及で存在意義が脅かされ，新たな価値を見出すことを余儀なくされた．創出された新たな価値が，ローテクとハイテクを組み合わせて「人間の手で文字を書く」という行為のツールである万年筆の使用価値を高めることに成功した．

　本社を取材中に，万年筆のペン先「ニブ」のオーダーメイドサービスである『モンブラン ビスポーク ニブ［Montblanc Bespoke Nib］』を体験した筆者はサービスのイノベーションを目の当たりにして驚き，感動した．

　独自のコンピューターを使った筆跡診断に基づくペン先のパーソナライズができるシステムで，顧客の「筆圧」「筆記速度」「傾斜角度」「回転角度」「振幅角度」の5つのエレメントを瞬時に分析して，細かい点まで考慮に入れて最適なペン先をつくり出すことができる．

　ルッツ・ベートゲ元CEOは，現代の消費者がコミュニケーションに近代的なテクノロジーを使い，万年筆のような道具を使う機会が減ってきている状況を，脅威であるだけでなく新たな機会と捉えている．

　また，ベートゲ元CEOは書くという行為や，手書きのサイン，ノートに書かれた手書きの文字が持つ力や書くことによってもたらされるエモーショナルな価値の重要性と可能性を熱く語り，だからこそ，筆記具が全体売上の5割に到達する伸びを見せているのだ，と数字を示しつつハイテクなツールとの違いを明示している．彼の前任者ノルベルト・プラット［Norbert Platt］が低価格帯の製品をやめて，モンブランのラグジュアリーブランドとしての立ち位置を表明したことを評価し，現在もエントリーモデルでアイコン商品の『マイスターシュテュック』が残っていることを示しながらも，常に最高品質のものしかつくらず，妥協しない姿勢を崩さないことを強調する[14]．

　不必要なテクノロジー活用で自らの首を絞めるような商品やサービスを創出する企業も少なくない中，モンブランは手書きツールによる手書き経験の素晴らしさを引き出すためにテクノロジーを活用したサービスイノベーションを起こしている．

　このように，技術力をサービスで具現化して見せること，そしてリシュモングループ傘下のブランド全体に言えることであるが，ハイテクはあくまで価値があれば利用する，飲み込まれないというスタンスを貫いて革新を生み出すという技術伸長のやり方と考え方は，AIの台頭に必要以上に怯える全世界のローテク企業にも参考になる．

おわりに
──歴史，土地，人物，技術をブランド要素（経営資源）として活用する──

　リシュモン傘下のラグジュアリーブランド「モンブラン」がどのようなブランド要素（経営資源）をどのようにしてブランド価値に転換してきたのかを示した．歴史，土地，人物，技術の4つのブランド構成要素（経営資源）を重視したブランディングを行っていることから，4要素に大胆に割り振って考察した．しかし，これが唯一絶対の正解ではない．そもそも，ビジネス書は経営アドバイスを示すことや，企業や業界の将来予測をするものではないし，環境は変化するので，解釈は常に変動する．それでも，ある程度は成功パターンが存在する．だからこそ，事例を過去にまで遡って一定の基準で考察する意義があるのだと筆者らは考えている．

　1つ明確なことは，継承を経験して，現代まで環境変化を乗り越えて輝き続けているブランドの戦略は，「己が何たるかをよく理解し，自分以外の何者にもならないようにする」ことと，それが他者にもわかるように伝え続け，その個性を磨き，高め続けることに他ならない，ということである[3,4]．

　付記　本章は，長沢・杉本（2021a[1]，2021b[2]）を加除修正した．

参 考 文 献
［1］　長沢伸也，杉本香七：モンブランのラグジュアリー戦略（第1報）──歴史のブランド要素化──．第23回日本感性工学会大会予稿集，C000145，pp. 1-3，2021a.
［2］　長沢伸也，杉本香七：モンブランのラグジュアリー戦略（第2報）──土地・人物・技術のブランド要素化──．第23回日本感性工学会大会予稿集，C000146，pp. 1-3，2021b.
［3］　長沢伸也編著，杉本香七共著：カルティエ 最強のブランド創造経営──巨大ラグジュアリー複合企業「リシュモン」に学ぶ感性価値の高め方──．東洋経済新報社，2021.
［4］　長沢伸也，石塚千賀子，得能摩利子：究極のブランディング──美意識と経営を融合する──．中央公論新社，2022.
［5］　Nagasawa, S.: How Montblanc is Contributing to Social Contribution Projects through the Act of 'Writing': Towards Responsible Entrepreneurship to Promote Collective Well-being, In: Batat, W. (ed.), *The Rise of Positive Luxury - Transformative Research Agenda for Well-being, Social Impact, and Sustainable Growth -* (Book chapter). Routledge/Taylor & Francis Group, pp. 137-153, 2022.

［6］ ウェブクロノス：モンブラン ミネルバ クロノグラフ，〈https://www.webchronos. net/iconic/43591/〉（2022.11.10閲覧）.

［7］ 長沢伸也：ラグジュアリーブランディング論から見る "2010年代の成功者"，クロノス日本版，16(6)，pp. 58-61，2020.

［8］ モンブラン：モンブランについて 企業の社会的責任，〈https://www.montblanc. com/ja-jp/discover/company/〉（2022.11.10閲覧）.

［9］ 戸越銀座商店街：戸越銀座商店街について，https://togoshiginza.jp//about （2022年5月10日閲覧）.

［10］ CPP-LUXURY: Montblanc, the DNA of a True Luxury Brand, September 20, 2012,〈https://cpp-luxury.com/montblanc-the-dna-of-a-true-luxury-brand/〉（2022. 11.10閲覧）.

［11］ Lerner, William S.: Conversation with Jerome Lambert, New CEO of Montblanc, December 17, 2013,〈https://www.ablogtowatch.com/conversation-jerome-lambert ceo-montblanc/〉（2022.11.10閲覧）.

［12］ Montblanc: Montblanc Timepieces, Montblanc Nicolas Rieusesec Collection, 2013/14, pp. 4-7, 2013.

［13］ 長沢伸也：高くても売れるブランドをつくる！──日本発，ラグジュアリーブランドへの挑戦──．同友館，2015.

［14］ Lankarani, N.: Interview with Nicolas Bos: The CEO of Van Cleef & Arpels discusses the pragmatic appeal of craftsmanship, 17 June 2019.

第8章 国内における被服消費縮小と消費者の被服関心
—— COVID-19 による影響 ——

北浦さおり

1 国内の被服消費の状況と被服関心

　日本国内における世帯の被服消費は長期的に減少傾向にある[1]．総務省統計局が行っている家計調査（家計収支編）の1990年から2019年の調査結果を用いて，洋服への支出額の推移を表したものが図8‐1である．図8‐1から，1990年から世帯の洋服支出額は全体として減少していることがわかる．

　ファッション関連消費が縮小している原因として，ファッション消費欲が旺盛な若い世代の人口減少と景気，低価格衣料の普及の3つが挙げられてきた[2-4]．しかし，消費者庁の報告では，若年の単身世帯においても洋服への支出が長期的に減少傾向であると言われている[1]．また，景気に関わらず通信費など増加している支出があること，低価格衣料の影響は限定的であることから，この3つの要因のみでは説明がつかない．さらに，近年の購入価格の低下は，物価下落

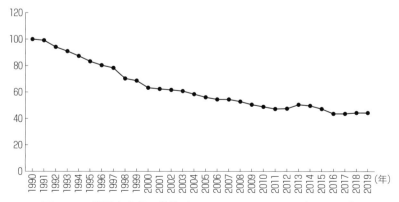

図8‐1　洋服支出額の推移（実質ベースの指数化）1990年—2019年

出所：北浦さおり（2022）国内における被服消費縮小と消費者の被服関心—— COVID19 による影響——，感性工学，20(2)，pp. 65-70.

というより，消費者がより安価でカジュアルな衣料品を選択するようになった結果で，このことは衣料品に対する関心の低下を引き起こしたともされる[5]．そこで本章では，若年層においても支出が減少している理由として，ファッションへの相対的な関心度が低下している可能性を検討する．アパレル産業は依然として主要な産業の一つであり，今後の維持・発展に向けた方策の提案が必要な状況である．このような長期的な低迷の背景にある要素を明らかにし，対策に結びつけていくことは重要な課題であると言えるだろう．

　これまで，さまざまな製品カテゴリーで購入意思決定と製品に対する関与に関連があると言われてきた[6-9]．関与はニーズ，価値観，関心に基づく，ある対象物への知覚された関連性である[10]．ファッションへの関与は，もともと被服関心と呼ばれ，個人が衣服に対して好意的な気分をもつ程度のことを言う[11]．関心は関与の1次元として扱われる[12]．関与は，購入行動を最も予測し[13]，製品に対する関与が高まるほど，使用頻度や購入金額が上がる[6]．ここから，ファッション関連消費が縮小するなかで，購入意思決定のきっかけとなりうるファッションへの関心自体が低下している可能性が浮かんでくる．

　これまでファッションは対面を前提とした社会で価値を維持してきた．COVID-19感染拡大によって，対面での接触機会が減少する事態となり，その前提が崩れてしまった．このことは，アパレル製品の売り上げとその背景にあるファッションへの関心に影響を及ぼしているに違いない．実際，リモートワークが始まった2020年3月には仕事服としてトップスだけが売れ，ボトムスは売れないという現象が報告されていた[14]．被服に対する関心の低下が国内ファッション関連消費縮小の要因の1つとなっている可能性を考え，時系列データを用いて，被服関心がどのように変化したのかを調べることにした．また，対象時期に発生したCOVID-19の感染拡大状況との関連も考察した．

 　被服関心はどのように変化しているのか？

（1）消費者の被服に対する関心は低下傾向にあるのか

　ファッション関連製品は製品カテゴリーの中でも最も消費者の製品に対する関与が高いカテゴリーに含まれる[15]．製品関与が高い製品カテゴリーでは，関与が購入意思決定に強く影響すると考えられる．関与は，ファッション分野においても消費を下支えする重要な概念である[16]．被服への関与は，衣料品の購入行

動の変動の71.4％を説明するとも言われる[17]．また，被服への関与が低い消費者
は，より低価格の衣料をより少なく購入する[18]．このようなことから，衣料品へ
の支出減少の背景に被服関心の低下が存在すると言えるだろう．

　消費者庁[1]によると，1999年から2014年までの30歳未満の単身者世帯の「被服
及び履物」費の支出は男女ともに減少しており，とりわけ女性の減少幅が大き
い．性別や年齢などの個人の属性が被服関心およびファッション関与に影響を
与えるとされている[16, 19]．特に，若年層は高年齢層よりも被服に対する関心が高く，
女性は男性よりも関心が高いと言われることから，30代以下の若年層について
も，女性についても，消費者の被服への関心は低下傾向にあることが予想され
る．

（2）COVID-19感染拡大は，消費者の被服への関心を低下させるのか

　COVID-19の感染拡大の影響下で，生活とそれに伴う消費行動や関与が変
化していると言われている[20]．最も多くの人に起こった生活上の変化は，感染拡
大を防ぐためにとられた自己隔離による，同居家族以外との対面での接触機会
の大幅な減少である．日本国内では感染していない場合の自己隔離は強制では
なかったものの，緊急事態宣言下では特に外出機会の減少につながった[21]．

　このCOVID-19の感染拡大による対面接触機会の減少は，衣生活において
最も重要な変化である．外出機会の減少は，ファッション関連製品の短期的な
売り上げだけでなく，ファッションの存在意義を支える重要な前提を変化させ
たことで，アパレル産業の長期的な発展にも影響を及ぼしている．感染拡大に
よって，すでに商業販売全体の中でファッション関連製品カテゴリーが最も大
きな打撃を受けていることが明らかとなっている[22]．

　ファッションは対面を前提として，自己と他者，個人と社会の境界にあるも
のであると考えられてきた[23]．ファッションは，着る者のアイデンティティや印
象形成の手がかりといった機能を持つ[24, 25]．ファッションがコミュニケーション手
段として機能するためには，着用状況が目に見えるものでなければならない[26]．
パンデミック下ではさらに，対面接触機会の減少とオンライン状況での外見の
見えにくさの問題が発生する．この状況では，コミュニケーション手段として
のファッションの役割がかなり低下することに伴って，消費者の被服への関心
も低下していると考えられる．対面が被服関心の前提だとすると，この社会の
変化はファッションの価値を下げる可能性がある．ここから，対面での接触機

会の減少は，消費者の被服への関心を低下させることが予想される．

 ３　被服関心データの収集方法

（１）分析に用いたデータ

　2012年と2014年に筆者がファッション消費行動に関連するそれぞれ別のテーマで調査を実施し，2020年と2021年には本研究のために調査を実施した．2012年，2014年，2020年，2021年のそれぞれの調査の概要を表8－1に示した．

　① 2012年調査：2012年3月に他のプロジェクトでオンライン質問紙調査を行った．1都3県に居住する15歳から59歳までの1450名から回答を得た．② 2014年調査：2014年7月に他のプロジェクトでオンライン質問紙調査を行った．首都30 km圏内に居住する15歳から65歳（分析に使用したデータは59歳まで）の750名（分析使用データは668名）から回答を得た．③ 2020年調査：2020年6月にオンライン質問紙調査を行った．1都3県に居住する15歳から59歳までの957名から回答を得た．④ 2021年調査：2021年1月にオンライン質問紙調査を行った．1都3県に居住する15歳から59歳までの945名から回答を得た．

（２）被服関心測定項目

　被服への関心の変化を追うために，2012年と2014年の調査で共通して使用していた被服関心を測定する尺度を2020年と2021年でも使用した．被服関心度を測定する4項目のうち，1項目が共通して使用している項目であったため，「私は衣服への関心が高い」という項目を被服関心度を測定する項目として用いることにした．過去4回調査で共通して尋ねている質問項目「私は衣服への

表 8－1　過去 4 回調査の回答者の年代・性別人数と割合

	2012年			2014年			2020年			2021年		
	男	女	%	男	女	%	男	女	%	男	女	%
10代	145	145	20	28	23	8	56	57	12	56	56	11
20代	145	145	20	71	68	22	105	102	22	105	105	22
30代	145	145	20	93	87	29	104	108	22	105	105	22
40代	145	145	20	92	83	28	107	106	22	107	107	22
50代	145	145	20	41	41	13	108	104	22	107	107	23
全体	725	725	100	325	302	100	480	477	100	465	480	100

出所：北浦さおり（2022）前掲稿．

関心が高い」に対し，「全くそう思わない」から「非常にそう思う」までの 5 点尺度で回答してもらった結果を被服関心を測定する項目とした．この項目は，Gurel and Gurel[27] によって作成された被服関心を測定する 4 項目を日本語訳したもののうちの中心となる 1 項目であった．

 ### 4　被服関心の低下に関わる要因と COVID-19 の影響の検討

（1）日本の消費者の被服関心の低下

　2012 年，2014 年，2020 年，2021 年の被服関心度の対象者数，平均値，標準偏差を表 8-2 に示した．2012 年，2014 年，2020 年，2021 年の被服関心度に違いがあるかを明らかにするために，1 元配置分散分析を行った．その結果，2012 年に比べて，2014 年と2021 年の平均値が有意に低く，2020 年に比べ2021 年の平均値が有意に低いこと，2012 年は10代20代の割合が他の調査年に比べ多いことから，被服関心度が高めに出ている可能性がある．しかし，2020 年と2021 年のサンプルは年代，性別ともに違いがないと考えられることから，被服関心度は低下している可能性がある．

　同様に，30代以下および女性の被服関心度についても，各年で違いがあるのかを明らかにするために，1 元配置分散分析を行った．その結果，30代以下の被服関心度は，2012 年（3.22）に比べ2021 年の平均値（2.97）が有意に低いことがわかった．2012 年と2021 年では30代以下の被服関心が低下していることが確認できたものの，段階的に低下している状況は確認できなかった．また，女性の被服関心度は，2012 年（3.41）に比べ，2020 年（3.17）と 2021 年の平均値（3.06）が有意に低く，2014 年（3.32）に比べ2021 年の平均値（3.06）が有意に低いことがわかった．2012 年から2021 年にかけて女性の被服関心が低下していることがおおよそ確認できた．

表 8-2　過去 4 回調査における被服関心度の基本統計量

調査年	調査対象者数	平均値	標準偏差
2012	1450	3.11	1.14
2014	668	2.95	1.20
2020	957	2.99	1.14
2021	945	2.84	1.16

出所：北浦さおり（2022）前掲稿．

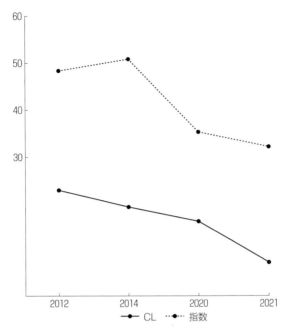

図 8‐2　2012, 2014, 2020, 2021年の洋服支出指数と
　　　　被服関心（CI）のグラフ
（調査年別洋服支出指数グラフと被服関心グラフを重ねて表示し
たもの）
　　　出所：北浦さおり（2022）前掲稿.

　さらに，図 8‐1 の洋服支出と被服関心度とに関連があるかを調べるために，
ピアソンの積率相関係数を算出した．各年の年間の実質ベースの洋服費の平均
値を1990年を基準年として指数化したものと同年の調査の服装関心度の相関を
取ったところ，0.858であった．被服支出と被服関心には，高い正の相関がみ
られた（図 8‐2）．ケースが少ないため有意性の検定は行えなかったが，洋服
費世帯支出が減少している状況下で，消費者の被服に対する関心は低下傾向に
ある可能性が確認できたと言えるだろう．
　洋服支出と被服関心度との相関関係を踏まえて，被服支出による被服関心の
予測が可能かどうか単回帰分析を行なった．その結果，y＝2.542＋
0.000009028x という単回帰式が得られたが，被服支出による被服関心の予測
式は有意ではなかった．これはケース数が少ないためだと思われるが，相関係
数の高さから，洋服支出額と被服関心度には関連があると仮定し，洋服支出額

による被服関心度の予測を行なった．図8‐1の洋服支出額推移から洋服支出額には直線によるあてはめが可能であると判断し，1990年から2021年の洋服支出額（実質ベース）に基づき，傾きと切片を算出し，以下の予測式を作成した．

予測式：$Y = 4679595 - 2296.16 \times year(2022)$

　上記予測式に基づき，2022年の洋服支出額を予測したところ，36766.8円であった．被服関心を y，洋服支出額を x とした直線回帰式：$y = 2.542 + 0.000009028x$ に2022年の洋服支出額を代入し，2022年の被服関心度を予測したところ，2.873931となった．2022年の被服関心度は，2021年に比べ0.0337さらに低下する予測となった．ケース数が少ないために，予測した被服関心度の信頼性は低いと言わざるを得ないが，洋服支出額と被服関心度の傾向を踏まえるとおおよそ妥当な値であると言えるだろう．

（2）対面接触程度と被服関心

　2020年と2021年の被服関心度データを用いて，対面接触機会が多いか少ないかが，被服関心度に影響しているのかを検証するために，重回帰分析を行った．被服関心度（4項目）を目的変数とし，性別，調査年（2020年，2021年），回答者の年代，業務や学業での対面接触の程度，家族以外とのプライベートでの対面接触の程度を説明変数として重回帰分析を行った．表8‐3に目的変数および説明変数の平均値と標準偏差を示した．

　重回帰分析の結果，性別，調査年，及びプライベートでの対面接触程度が被服関心度に及ぼす効果は有意であるが，業務や学業での対面接触程度の効果は実質的なものであるとは言えなかった（表8‐4）．この時の回帰式全体の説明率は $R^2 = .09$ であり，有意であった（$F_{(5, 1896)} = 38.695, p < .001$）．ここから，男性よりも女性の方が被服関心度が高く，2021年調査時よりも2020年調査時の方が被服関心度が高く，回答者の年代が若いほど被服関心度が高いことがわかる．また，業務や学業における対面接触程度は被服関心度に影響を及ぼさないものの，プライベートでの家族以外との対面接触程度は多いほど被服関心度が高まることがわかった．つまり，対面接触機会が少ないほど被服関心度は低下すると考えられ，対面での接触機会の減少は，消費者の被服への関心を低下させると言える．

　プライベートでの対面接触機会の減少だけが被服関心を低下させるのは，業

表 8 - 3　変数別の基本統計量

変数名	度数	平均値	標準偏差
被服関心度	1920	12.26	3.83
性別	1920	1.50	0.50
調査年	1920	1.50	0.50
年代	1920	3.22	1.32
業務 / 学業対面	1920	3.77	3.30
プライベート対面	1920	2.29	2.13

出所：北浦さおり（2022）前掲稿.

表 8 - 4　重回帰分析結果表

変数名	B	β	t 値	p 値	VIF
性別	1.54	0.20	0.50	0.001**	1.00
調査年	-0.40	-0.05	0.50	0.016*	1.00
年代	-0.52	-0.18	1.32	0.001**	1.01
業務 / 学業対面	-0.00	-0.00	3.30	0.917	1.09
プライベート対面	0.23	0.13	2.13	0.001**	1.08

*は5％水準，**は1％水準を表す
出所：北浦さおり（2022）前掲稿.

務などで着用する衣服とプライベートで着用する衣服の役割が異なっているためであろう．業務や学業では社会的な役割意識を反映した衣服である一方，プライベートでは，着装者自身が自己表現の手段として，自由に着用するものを選択できるため，被服への関心が反映されやすい.

　上記の結果では個人レベルでのプライベート対面接触機会しか言及できず，COVID-19感染拡大が被服関心に与える影響について議論することができないため，内閣官房が公開している人出データ（https://corona.go.jp/dashboard/）を用いてプライベートでの対面接触機会との関係を調べた．使用したデータは，休日の新宿駅人出データであった.

　2020年5月9日から2021年12月19日までの休日（土日・祝祭日）の新宿駅の人出と感染拡大以前（2020/1/18～2020/2/144週間の休日）の人出データとを比較した指数の推移を表したのが図8-3である．図8-3から，かなり変動が大きいものの長期的に右上がりの傾向が見られ，休日の新宿駅の人出は増加傾向にあることがわかる．ただし，プライベートでの対面接触程度と関連するのは，長期的な人出の推移ではなく，調査回答直近時期の人出量であると考えられるため，2020年と2021年それぞれの調査の回答日前の2週間の休祭日（2020年6月6

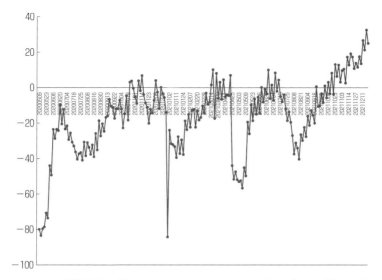

図 8-3　感染拡大以前（2020/1/18〜2020/2/14）の 4 週間の休日比較の人出

出所：北浦さおり（2022）前掲稿.

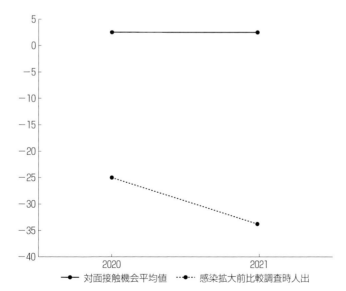

図 8-4　2020年2021年調査時の休祭日新宿駅付近の人出（感染拡
　　　大前比較）と各年調査のプライベート対面接触程度平均値

出所：北浦さおり（2022）前掲稿.

日，7日，13日，14日／2021年1月9日，10日，11日，16日，17日）の人出データを集計した．その人出データとプライベートでの対面接触程度のグラフが図8-4である．

　2020年6月と2021年1月調査におけるプライベートでの対面接触程度は，平均で2020年では2.31，2021年は2.26であった．プライベートでの対面接触程度は有意差はないものの，調査時点での人出データとに矛盾は見られないことがわかる．

おわりに

（1）被服への関心は過去10年間で低下したのか？

　ファッション消費の減少は，ファッション消費に積極的な若年層の人口減少と景気の低迷，低価格衣料の普及，そして今回，低価格衣料の積極的な購入の背景にあると考えられるファッションへの関心そのものの低下によって引き起こされる可能性を議論した．本章の結果からは，2012年から2021年までの過去およそ10年間で，ファッション関連消費を支える被服への関心は低下している可能性が指摘できた．一方で，過去4時点で変化を見たものの，追跡調査などで経年変化を丁寧に追った調査方法ではないため，被服への関心が段階的に低下している状況は捉えることができなかった．また，洋服費の世帯支出減少と被服関心低下の相関の高さを前提として，2022年の洋服費支出額と被服関心度の予測を行なった．

（2）COVID-19感染拡大は被服関心へどのような影響を与えたのか？

　本章の結果から，COVID-19感染拡大に伴う外出自粛による対面接触機会の減少が，被服への関心を低下させていることが明らかとなった．外出自粛によって，仕事や学業に関する場面と同様に，プライベートでも同居家族以外との対面接触機会が大幅に減少した．しかしながら，今回の結果からは，業務や学業での対面接触機会は被服への関心に影響がなく，プライベートでの対面接触機会だけが被服への関心に影響があることが明らかとなった．プライベートでの対面接触機会の減少は，プライベートでの人出量と類似した動きをしていることから，COVID-19の感染拡大状況がプライベートでの対面接触機会に影響していると考えられた．

　ここから，COVID-19 感染拡大をきっかけとして，さらにリモートワークが浸透し，業務や学業での対面接触機会が減少していったとしても，そのことが被服関心の低下を引き起こす可能性は低いことがわかる．一方で，プライベートでの対面接触機会が減ってしまうと，さらなる被服関心の低下を引き起こす可能性がある．

　COVID-19 の感染拡大によってプライベート対面接触機会の減少が強制的に起こることとなったが，COVID-19 以前の対面接触機会の状況や，対面接触機会と被服関心の関係については検証していない．

　筆者らは，インターネットやゲームへの偏向により対面接触機会が減少することで，ファッション産業衰退の可能性を指摘した[28]．ファッションの社会的機能が対面コミュニケーションを前提としていることから，コミュニケーション手段が対面からオンラインへ移行している現状もこの問題と関連していることが予想される．デジタル化によるコミュニケーション手段の変化が被服関心及びファッション消費に与える影響を検討することが今後の課題である．

　謝辞　本章の執筆にあたり一橋大学大学院鷲田祐一教授より貴重なご助言をいただいた．
　　　また，使用した調査データの一部は，以下の研究助成を受けたものである．
　　　2012年調査：文部科学省委託　服飾文化共同研究拠点事業　平成22年度研究助成／
　　　2014年調査：財団法人吉田秀雄記念事業財団　平成26年度研究助成
　　　ここに記し感謝の意を申し上げる．

参 考 文 献

［1］　消費者庁：平成29年版　消費者白書，〈https://www.caa.go.jp/policies/policy/consumer_research/white_paper/2017/〉（2021. 12. 01閲覧）．
［2］　経済産業省大臣官房調査統計グループ経済解析室：ミニ経済分析　百貨店　衣料品販売の低迷について，〈https://www.meti.go.jp/statistics/toppage/report/minikeizai/kako/20170217minikeizai.htht〉（2021. 12. 01閲覧）．
［3］　山下貴子：少子高齢化社会における消費者行動のマクロ的構造基底――ベイズ型コウホート分析法を用いての一考察――．流通研究，1，2，pp. 57-77，1998．
［4］　伊藤佑隼：家計は何にお金を使わなくなったのか――「衣類」への支出が映し出す家計の根強い節約志向――．Economic Trends マクロ経済分析レポート　第一生命経済研究所，〈https://www.dlri.co.jp/pdf/macro/2018/ito181024.pdf〉（2021. 12. 30閲覧）．
［5］　川人彩子：アパレル業界で進むカジュアル化：コロナ収束後もカジュアル化の流れ

は続く見通し. 三井住友信託銀行　調査月報2021年 4 月号,〈https://www.smtb.jp/-/media/tb/personal/useful/report-economy/pdf/108_2.pdf〉(2021. 12. 30閲覧).

[6]　Hollebeek, L. D., S. R. Jaeger, R. J. Brodie, A. Balemi: The Influence of Involvement on Purchase Intention for New World Wine, Food *Quality and Preference*, 18(8), pp. 1033-1049, 2007.

[7]　Jiang, Z., J. Chan, B. C. Tan and W. S. Chua: Effects of Interactivity on Website Involvement and Purchase Intention, *Journal of the Association for Information Systems*, 11(1), pp. 34-59, 2010.

[8]　Bian, X. and L. Moutinho: The Role of Brand Image, Product Involvement, and Knowledge in Explaining Consumer Purchase Behaviour of Counterfeits: Direct and Indirect Effects, *European Journal of Marketing*, 45 (1/2), pp. 191-216, 2011.

[9]　Teng, C. C. and C. H. Lu: Organic Food Consumption in Taiwan: Motives, Involvement, and Purchase Intention under the Moderating Role of Uncertainty, *Appetite*, 105, pp. 95-105, 2016.

[10]　Zaichkowsky, L. J.: Measuring the Involvement Construct, *Journal of Consumer Research*, 12(3), pp. 341-352. 1985.

[11]　Kaiser, S. B.: *The Social Psychology of Clothing: Symbolic Appearances in Context*, Macmillan Pub Co, 1990.

[12]　Bloch, H. P.: An Exploration into the Scaling of Consumers' Involvement with a Product Class, *Advances in Consumer Research*, 8, pp. 61-65, 1981.

[13]　Evrard, Y. and P. Aurier: Identification and Validation of the Components of the Person-object Relationship, *Journal of Business Research*, 37, pp. 127-134, 1996.

[14]　Roberts, D.: Amid Coronavirus, Walmart Says It's Seeing Increased Sales of Tops- but not Bottomes, Yahoo! Finance, March 27, 2007, 〈https://finance.yahoo.com/news/amid-coronavirus-walmart-says-its-seeing-increased-sales-of-tops-but-not-bottoms-202959379.html?fr=sycsrp_catchall〉(2022/01/04閲覧).

[15]　Laurent, G. and J. N. Kapferer: Measuring Consumer Involvement Profiles, *Journal of Marketing Research*, 22(1), pp. 41-53, 1985.

[16]　O'Cass, A.: Fashion Clothing Consumption: Antecedents and Consequences Fashion Clothing Involvement, *European Journal of Marketing*, 38(7), pp. 869-882, 2004.

[17]　Phuong, N. N. D. and N. T. Thao, N. T.: The Effect of Materialism, Self-Monitoring, and Media Influence on Fashion Clothing Involvement: A Study among Vietnamese Consumers, *Proceedings of the Annual Vietnam Academic Research Conference on Global Business, Economics, Finance & Management Sciences*

(*AP17Vietnam Conference*), 18-19, August 2017. Paper ID: V766.

[18]　Tigert, D. J., L. J. Ring and C. W. King: Fashion Involvement and Buying Behavior: A Methodological Study, *Advances in Consumer Research*, 3, pp. 46-52, 1976.

[19]　Hourigan, R. S. and U. S. Bougoure: Towards a Better Understanding of Fashion Clothing Involvement, *Australasian Marketing Journal*, 20, pp. 127-135, 2012.

[20]　Sallie, S. N., V. Ritou, H. Bowden-Jones, and V. Voon: Assessing International Alcohol Consumption Patterns during Isolation from the COVID-19 Pandemic Using an Online Survey: Highlighting Negative Emotionality Mechanisms, *BMJ Open*, 10(11), 2020.

[21]　江夏幾多郎・神吉直人・高尾義明・服部泰宏・麓仁美・矢寺顕行：新型コロナウイルス感染症の流行への対応が，就労者の心理・行動に与える影響，*Works Discussion Paper Series*, 31, 2020.

[22]　経済産業省商務情報政策局情報経済課：令和2年度産業経済研究委託事業（電子商取引に関する市場調査）報告書，経済産業省，2021. https://www.meti.go.jp/policy/it_policy/statistics/outlook/210730_new_hokokusho.pdf（2022.01.05閲覧）.

[23]　Entwistle, J.: The dressed body, in J. Entwistle and E. Wilson (eds.), *Body dressing*, Berg, pp. 33-58, 2001.

[24]　Kaiser, S. B.: Identity, postmodernity, and the global apparel marketplace, *The Meanings of Dress*, 2, pp. 89-98, 2005.

[25]　Temple, E. L. and R. K. Loewen: Perception of Power: First Impressions of a Woman Wearing a Jacket, *Perceptual and Motor Skills*, 76, pp. 339-348, 1993.

[26]　Holman, R. H.: Apparel As Communication, Symbolic Consumer Behavior, eds. Hirschman, E. C. and M. B. Holbrook, New York, NY: *Association for Consumer Research*, pp. 7-15, 1981.

[27]　Gurel, L. M. and L. Gurel: Clothing Interest: Conceptualization and Measurement, *Home Economics Research Journal*, 7, pp. 274-282, 1979.

[28]　Kitaura, S. and Y. Washida: Are Geeks Driving Out the Fashion Industry? *2015 Portland International Conference on Management of Engineering and Technology (PICMET)*, IEEE, pp. 1224-1229, 2015.

第III部

感性商品の事例

第9章 スイッチ音の感性評価に及ぼす触感の影響

白坂　剛・下村尚登・大友貴史・小澤賢司

は じ め に

　私たちは日常生活において照明・テレビリモコン・スマートフォン等の操作に加え，キーボード入力など多くの場面でスイッチを押し，その音を聞いている．スイッチの本来の機能は電気接点の ON/OFF であるが，機械部品としての性能が十分に確保された昨今においては，見た目に留まらず触感や聴感といった感性評価が重要となっている[1-4]．

　スイッチ音，すなわちスイッチを押下した際に発生する音は，スイッチの操作者にとっては操作完了を知るために有益な音である．一方で，それを聞く側の立場では必ずしも快適な音ではない可能性がある．顕著な例として，特急電車における座席の背面に「キーボードの操作音など，まわりのお客さまのご迷惑にならないように」旨の注意書きを見ることがある．

　実際，著者らはスイッチ音を「積極的に聞く立場」と「他の仕事をしながら傍らで聞く立場」では，聴感評価が異なる可能性を示している[3]．さらに，積極的に聞く立場でも，触覚フィードバックの有無で聴感評価が変わることを示している[4]．ユーザの立場では何気なく聞いているスイッチ音も，真摯な感性評価を行うと，実はかなり奥深い知覚であることに気がつく．

　さて，スイッチを製造する当社（アルプスアルパイン（株））の立場からは，操作者に心地よい触覚フィードバックを与えると同時に，聴取の立場によらず好ましいスイッチ音を発生させる商品を造ることが一つの目標となりえる．逆に，聞く側の評価など一切気にせずに，操作者のみが満足するスイッチも，例えばe-スポーツ用のゲームコントローラ用途には需要があると考える．さらには，ヒューマン・マシン・インタフェイス（HMI）としては，触感・聴感が場面によって変わるスイッチも有益であると考える．

　今後に感性商品としてのスイッチの設計論を確立するためには，触感・聴感

のクロスモダリティまで含めた知見を蓄積することが第一歩となる．本章では，そのための取り組みについて紹介する．それに先立ち，第1節においては，スイッチ製造を行う立場から感性商品開発の取り組みについて述べることとする．

1　感性商品としての HMI 開発の取り組み

（1）社会変化から HMI に求められること

社会が狩猟社会（Society 1.0），農耕社会（Society 2.0），工業社会（Society 3.0），情報社会（Society 4.0）と変化・進化してきたことに加え，2016年から「Society 5.0＝超スマート社会」がうたわれている．それはインターネットというオープンなネットワークを利用したビッグデータ，IoT（モノのインターネット），AI（人工知能），クラウドからなる「社会OS（オペレーティングシステム）」と呼ぶべき基盤の上に新たなサービスが構築されている社会である．Society 5.0の駆動源あるいは「燃料」になるデータを多種多様なセンサで集め，AIで分析し，これから起こるであろうことの予測や最適解を導きだしたりする．その結果に基づき，私たちが日々の暮らしで利用する新たなサービスが提供され，"人"を中心とした情報の循環社会となることをSociety5.0では目指しており，HMIデバイスでそれに貢献することを当社は目指している（図9-1）．

HMIとは「人間と機械が情報をやり取りするための手段や，そのための装置やソフトウェアなどの総称」とされている．HMIは過去からコンピュータやテレビなどで機器の操作，情報の提供などで人間と機械のインタフェイスを担ってきたが，「使いやすさ」の観点で改善が進められてきた（図9-2）．

今後も人間の心理特性，生理特性，身体特性を考慮しながら効果・効率・満足の向上が求められるが，Society 5.0においては人間と単独の機器とではなく「社会OS」と人間との接続媒体を担うことになる．そのため，入出力における伝達情報が複雑になることが予想され，伝達エラーを防ぐためにもHMIが取り扱うデータはさまざまな物理量で，かつ大量となっていくことが予測される．

（2）HMI ──視覚，聴覚，触覚の高次バランスの必要性──

HMIについて人間の側から考えてみる．人間がHMIを通して機械とやり取りする場合，中心となるのは視覚・聴覚・触覚である．これらの各感覚の特性

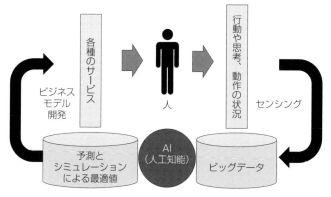

図 9-1　すべては"人"中心に動く
出所：筆者作成.

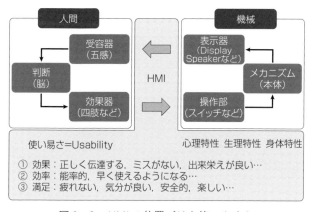

図 9-2　HMI の位置づけと使いやすさ
出所：筆者作成.

に応じて HMI の研究がなされているが，これから HMI に求められることとしては，「リアリティ」と「心地よさ（快適・感動）」の向上である．そのためには視覚・聴覚・触覚の高い次元でのバランスをとる必要がある（図 9-3）．

　また，人間からの出力を捉える場合は，使われる単一センシングデバイスのハードウェアのみならず，各センシングデバイスの協調動作や取得したデータの処理も含めて，多次元の複雑なデータからの入力の意図・意味を認識する必要が出てくる．

　人間への出力の場合も考え方は同様である．よって複数の入出力デバイスそ

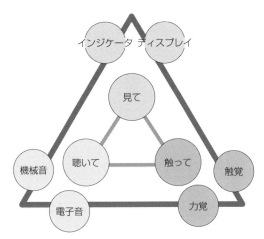

図 9‐3　視覚・聴覚・触覚の高次元のバランス
出所：筆者作成.

のものや，使いこなす技術をさらに進化させて人間と機械とのインタフェイス
をとることにより人間との各種特性に合わせた「使いやすさ」を向上し，高次
元での情報伝達の実現と伝達エラーの抑制を両立していく必要がある．

　ここで，HMI における人間の状態・行動・位置などを計測する技術（センシ
ング技術）と，人間の感覚に働きかける技術（フィードバック技術）について図 9
‐4 に示す．入出力デバイスや人間を取り巻く環境からの働きかけにより，物
理量から人間の感性量（心理量）に変換され，また人間の感性量（心理量）に対
して生理量への変換が行われ，状態・行動などに反映される．これらの変換に
おける相関関係の可視化・定量化が高次元での人間と機械とのインタフェイス
を実現するために重要となってくる．

　HMI の重要な特徴として綺麗・心地よいなど人の感情に影響することは知
られているが感性量と物理量の相関関係についてはあまり知られていない．そ
こで当社は創業時より主力商品の一つであるスイッチの感性量と物理量の相関
関係の明確化に関する取り組みを行ってきている．感情を生むプロセスを 3 つ
に分けそれぞれの因子と物理量の相関関係を明確にすることでこれまで以上に
感性に訴えるスイッチ開発を行いたいと考えている（図 9‐5）．

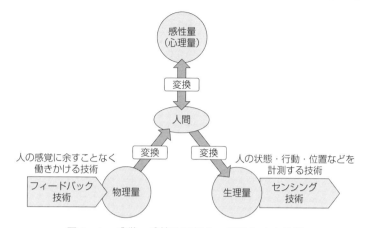

図 9 - 4　感覚・感情を可視化・定量化する技術

出所：長沢伸也編著（2022）感性をめぐる商品開発──その方法と実際──，日本出版
サービス，20，図 1 - 2 を参考に筆者加筆．

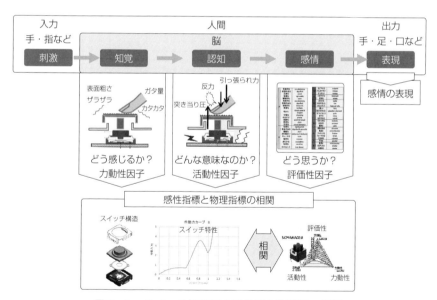

図 9 - 5　スイッチ操作時の感性量と物理量の相関

出所：筆者作成．

② 触覚フィードバックの評価

　前節に記載した感性量と物理量の相関関係明確化の取り組みの一環として，スイッチの触覚評価に関する実験を行った．その実験方法・結果について以下に記す．

（1）触覚評価実験方法

　視覚の影響を排除するために同一色（黒色），同一形状のキャップ（ツマミ，ボタン）を装着した25個のスイッチを，写真9-1に示すとおり円盤上に配置した．被験者は，評価を指示されたスイッチが手前に来るように円盤を回転させてから，スイッチを押下した．写真9-2は，実際にスイッチを押して評価している実験風景である．

　それら25個のスイッチは，構造上の違いから以下の4グループ（A〜D）に分類される．AはA1〜A8の8個，BはB1〜B5の5個，CはC1〜C9の9個，そしてDはD1〜D3の3個である．それぞれの代表的な構造と作動力カーブを図9-6に示す．ここで作動力カーブとは，スイッチを押下した際の移動量（ストローク）とスイッチから得られる反力との関係を表した，スイッチの操作フィーリングを表わす基本特性である．なお，今回使用したスイッチは

写真9-1　円盤上に配置した同一キャップを付けた25種のスイッチ

出所：筆者撮影．

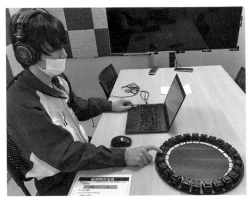

写真9-2　触覚評価実験の様子

出所：筆者撮影．

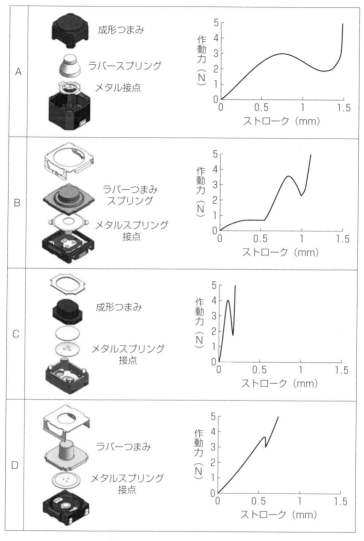

図9-6　スイッチの代表構造

出所：筆者作成.

　全て操作時に明確なタクティールフィードバック（クリック感）があるタクトス
イッチ®である.

　これらのスイッチの個々について，触覚による感性評価をSD法（Semantic
differential[5]）により実施した. 被験者はスイッチを操作した印象を，表9-1に

表 9 - 1　　触覚評価に使用した形容詞対と因子負荷行列

形容詞対		因子1 力動性	因子2 評価性	因子3 活動性
決定感のない　─　決定感のある		0.86	0.02	-0.07
復帰感がない　─　復帰感がある		0.81	0.04	0.01
不正確な　─　正確な		0.80	0.18	-0.10
ぼやけた　─　はっきりした		0.79	0.09	-0.31
はねるような感触がない　─　はねるような感触がある		0.70	0.02	-0.04
吸い込まれる感触がない　─　吸い込まれる感触がある		0.47	0.12	0.35
安っぽい　─　高級な		0.46	0.11	0.07
疲れる　─　疲れない		0.00	0.85	0.04
操作が難しい　─　操作が楽		0.18	0.85	0.08
引っかかる　─　スムーズな		0.16	0.63	0.11
厳しい　─　優しい		-0.09	0.62	0.51
操作したくない　─　また操作したい		0.43	0.61	0.07
心地良くない　─　心地良い		0.45	0.58	0.07
嫌い　─　好き		0.45	0.58	0.04
作動力が軽い　─　作動力が重い		0.48	-0.64	0.11
冷たい　─　暖かい		0.00	0.32	0.70
浅い　─　深い		0.37	-0.24	0.69
斬新な　─　伝統的な		0.14	0.14	0.23
遊びのある　─　遊びのない		0.18	0.04	-0.51
柔らかい　─　硬い		0.35	-0.49	-0.57
マイルド　─　シャープ		0.34	-0.08	-0.73
因子寄与率 [%]		23	20	13
累積寄与率 [%]		23	43	56

出所：筆者作成.

示す21形容詞対の各々について，7段階尺度で回答した．被験者は当社に勤務する20〜50代男女52名である．なお，評価語対の提示順序はランダム順とした．スイッチ操作は，人差し指の指根本を支点にして人差し指で5秒間に10回押下するよう被験者に教示した．また，スイッチ操作時はヘッドホンを装着して白色雑音を流し，操作音が評価結果へ影響しないように配慮した．

（2）因子分析の方法と因子抽出

　全てのデータを対象とし，因子分析を行った．因子抽出には主因子法，回転にはバリマックス回転を用いた．固有値を吟味して，因子数は3つとした．各形容詞対の因子負荷行列は表9-1に示すとおりである．それぞれの因子得点の高い形容詞対の特徴から，力動性因子（F1），評価性因子（F2），活動性因子

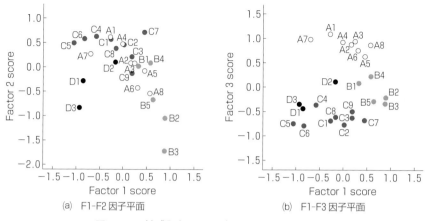

図9-7　触感評価による各スイッチの因子得点

出所：筆者作成.

（F3）と解釈した．それぞれの因子について，因子得点が高いほど「決定感の
ある，復帰感がある，……」，「疲れない，操作が楽，……」，「マイルド，暖か
い……」といった印象を表す.

（3）各スイッチの因子得点と特徴との関係

　次に各スイッチの因子得点を図9-7に示す．各因子でスイッチ毎の特徴が
見られる．因子1の得点の高いBグループはクリック感が強く，操作感の高
いスイッチであるため，「決定感」や「正確さ」を被験者が感じ取っているも
のと考えられる．因子2の得点が高く，因子3の得点が低いCグループはラ
バーを介さずにメタルスプリングを直接押す構造で，作動力（スイッチの最大反
力）が低く，ストロークが短いことが特徴であるため「軽い」，「浅い」等の印
象を持つことは妥当であろう．Aグループは唯一ラバースプリングにより反
力生成しており，ストロークが長く，他と比べ柔らかな触感のため，因子3の
得点が高くなったと考察する．以上から，被験者は操作感触から無自覚に各ス
イッチの特徴を捉えられているものと推測する．本実験から触覚について各因
子とそれぞれ物理量との関係性が示唆された.

3　聴感による評価

（1）評価実験の方法

聴感による評価実験方法については文献[6]に詳述したので，ここでは簡単に紹介する．実験には「操作者」，「聴取者」，「傍聴者」の３つの立場の被験者が参加した．「操作者」は，前節の実験と同様にスイッチを押しながら，スイッチ音を聴取した．「聴取者」は，単にスイッチ音を聴取した．「傍聴者」は，音に対する注意の影響を観察するために用意した立場であり，他のタスク（ピンポンゲーム）を行いながらスイッチ音を聴取した．被験者は，スイッチ音を聴取後に26対の評価語について，７段階尺度を用いて聴感を評価した．被験者は，22組で計66名である．

（2）実験結果及び考察

聴覚と触覚のクロスモダリティを検討するため，「操作者」と「聴取者」のデータのみを取り上げた．被験者個人ごとのデータ（22名×２立場＝44名分のデータ）を因子分析の対象とした．３因子を抽出し，それぞれを力動性（F1），評価性（F2），活動性（F3）と解釈した（３因子までの累積寄与率：48.8%）．これらは，前節における触感の因子と同様である．

個人ごとに算出した因子得点（バリマックス回転後）を，スイッチごと・立場ごとに平均して図9‑8に示す．図中で各スイッチは矢印で表現されているが，その始点と終点は，それぞれ「聴取者」と「操作者」の因子得点を示す．３つのスイッチグループ A, B, C が分離されており，スイッチの構造はそれ固有の聴感を生ずることを示している．

矢印の長さが，触覚フィードバックの影響の大きさを示している．図9‑8に示すとおり，活動性（F3）について比較的大きな影響が見られる．また矢印の向きはスイッチグループごとに異なることから，触覚フィードバックの影響はその機械的な構造に関係していることが示唆される．そして，例えば因子3の得点については，相対的に活発な触感を有する C グループに関して，聴感における矢印は「より活発」を表す下向きになっており，解釈が容易なクロスモダリティが見られる．

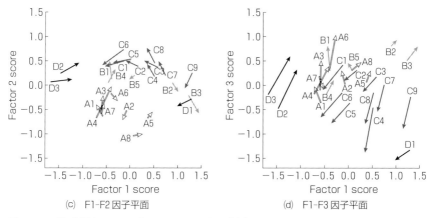

図 9 - 8　聴感評価による各スイッチの因子得点（矢印の始点は「聴取者」，終点は「操作者」の因子得点）

出所：筆者作成．

④　触覚フィードバックが聴感に及ぼすクロスモダリティ

　触覚フィードバックが聴感評価に及ぼすクロスモダリティが最も大きいことが示された活動性（F3）について，「操作者」と「聴取者」の因子得点の関係を図 9 - 9 に示す．同一のスイッチに対する両者の因子得点の違いは，後者には触覚フィードバックがなかったことに起因すると考えられる．それゆえ，この図では，対角線からの逸脱が触覚フィードバックの影響を表している（逸脱の程度を相関係数 r と平均 2 乗誤差（MSE）で表示した）．

　著者らは，「聴取者」の因子得点（x_1）と触感の因子得点（x_2）を用いて，「操作者」の因子得点（y）を推定することを 2 つのモデルによって試みた[7]．

　まず，重回帰モデルでは，推定値 $\hat{y}$ は次式で与えられる．

$$\hat{y} = a_1 x_1 + a_2 x_2 \tag{1}$$

ここで，a_1，a_2 は偏回帰係数である．この重回帰分析を，3 因子の各々について独立に実施した．活動性（F3）についてのモデル予測値を図 9 - 10 中に×印で示すとおり，相関係数 r は0.81，平均 2 乗誤差 MSE は0.41で図 9 - 9 に比べて改善している．これは，触覚フィードバックの影響を式(1)によって考慮し

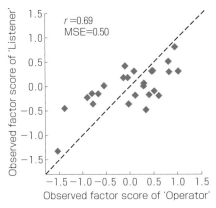

図9-9　活動性（F3）に関する「操作者」
　　　　と「聴取者」の因子得点の比較
　　　　（rは相関係数，MSE は平均平方誤差）
出所：筆者作成.

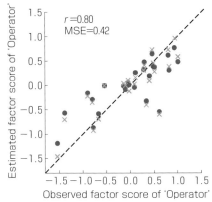

図9-10　活動性（F3）に関する「操作者」
　　　　の因子得点と，触覚とのクロス
　　　　モダリティから推定した結果の
　　　　関係（●：ベイズモデルからの推定値，
　　　　×：重回帰モデルによる推定値）
出所：筆者作成.

たことの効果を示している．このようにクロスモダリティを重回帰モデルで説明することの可能性は文献[8]も示しているが，その背景は明らかにされていない．

　次に，ベイズ推定に基づくマルチモーダル期待効果モデルを取り上げた．仮に事前分布（ここでは「聴取者」の評価）と尤度（ここでは触感の評価）が正規分布に従うと，事後分布（ここでは「操作者」の評価）である $\hat{y}$ は次式で与えられる．

$$\hat{y} = \frac{\sigma_2^2}{\sigma_1^2 + \sigma_2^2} x_1 + \frac{\sigma_1^2}{\sigma_1^2 + \sigma_2^2} x_2 \tag{2}$$

ここで，σ_1^2，σ_2^2 は，それぞれ x_1 と x_2 の分散である．

　このモデルによる推定値を図9-10中に●印で示すとおり，推定精度（$r=$ 0.80, MSE$-$0.42）は，重回帰モデルと同程度である．このことは，式(1)と(2)を比べたとき，$a_1 = \sigma_2^2/(\sigma_1^2 + \sigma_2^2)$ かつ $a_2 = \sigma_1^2/(\sigma_1^2 + \sigma_2^2)$ であれば両式は一致することから，合理的であると考える．

　しかしながら，式(1)の係数が全てのスイッチに共通であるのに対して，式(2)における係数はスイッチごとに異なる．それゆえ，スイッチ音の評価に及ぼす触覚フィードバックのクロスモダリティを重回帰モデルで表現することの背景

Social And Society Human Machine Interaction

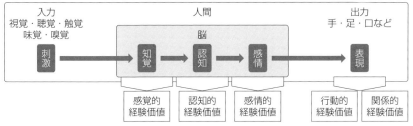

図9-11　人の情報処理プロセスと経験価値

出所：長沢伸也編著（2002）感性をめぐる商品開発—その方法と実際—，日本出版サービス，6．図1-1に
　　　筆者加除修正．

については，今後もさらに検討する必要があると考えている．

　お わ り に

　狩猟社会・農耕社会では産業の生産物は食料，工業社会においては商品，つまり物質的価値提供社会であった．Society 5.0時代においては物質的価値提供に加え，精神的価値提供社会に変化していく．当社の事業領域である人と機械とをつなぐHMI デバイスについても物質的価値の提供と精神的価値の提供が求められる．

　人がHMI デバイスを操作する際，触覚・聴覚・視覚などの感覚器からさまざまな刺激を受け，その刺激に対して起こる反応は経験的価値としてとらえることができる[11]（図9-11）．この経験的価値は私たち製造業者がユーザに提供すべき本質的な価値であり，図9-5との対比からもわかるように，知覚・認知・感情のプロセスを経た感性価値と同義である．それゆえ，経験的価値向上には，HMI デバイスの物理特性との関係性を理解し，製品を作りこんでいくことが重要である．

　今回，スイッチの操作フィーリングを表す因子と物理特性との関係性を示唆し，触覚フィードバックが聴覚に与えるクロスモダリティを明らかにすることができた．今後は触覚・聴覚・視覚が関係した感性量とHMI デバイスの物理量との関係を明らかにすることを通して，ユーザにより良い経験価値が提供できるようになりたい．

付記 本章は，白坂・下村・大友・小澤（2022）[12]を加除修正したものである．聴覚に関する実験実施にご協力いただいた安藤舞氏（山梨大学卒業生）に深謝する．

参 考 文 献

［1］ Treiber, A. and Gruhler, G.: Psychoacoustic Evaluation of Rotary Switches, *Proc. 15th Int. Conf. on Systems, Signals and Image Processing*, 3 pages, 2008.

［2］ 阪本浩二，石光俊介，荒井貴行，好美敏和，藤本裕一，川崎健一：カーオーディオ・メインユニットのボタン押し音評価に関する検討，日本感性工学会論文誌，10，3, pp. 375-385, 2011.

［3］ Ozawa, K., Yamaji, K., Shirasaka, T., Saito, K., and Shimomura, H.: Effects of Listening Attitudes on Affective Evaluation of Switch Sounds, *Proc. 5th Inter. Sympo. on Affective Sci. and Eng.*（ISASE 2019），#C000018, pp. 1-4, 2019.

［4］ Ozawa, K., Yamaji, K., Shirasaka, T., Saito, K., and Shimomura, H.: The Effects of Tactile Feedback on the Affective Evaluation of Switch Sounds, *Proc. 6th Inter. Sympo. on Affective Sci. and Eng.*（ISASE 2020），#C000044, pp. 1-4, 2020.

［5］ Osgood, C. E.: The Nature and Measurement of Meaning, *Psychological Bulletin*, 49, pp. 197-237, 1952.

［6］ 安藤舞，小澤賢司，白坂剛，下村尚登：聴取立場がスイッチ押下音の印象に及ぼす影響に関する考察，日本音響学会聴覚研資料，49, pp. 529-534, 2019.

［7］ Ozawa, K., Ando, M., Shimomura, H., Shirasaka, T., and Saito, K.: Bayesian Explanation of the Effects of Tactile Feedback on the Affective Evaluation of Switch Sounds, *Proc. 7th Inter. Sympo. on Affective Sci. and Eng.*（ISASE 2021），#C000018, pp. 1-4, 2021.

［8］ Ernst, M. O. and Banks, M. S.: Humans Integrate Visual and Haptic Information in a Statistically Optimal Fashion, *Nature*, 415, pp. 429-433, 2002.

［9］ Körding, K. P. and Wolpert, D. M.: Bayesian Integration in Sensorimotor Learning, *Nature*, 427, pp. 244-247, 2004.

［10］ Yanagisawa, H.: A Computational Model of Perceptual Expectation Effect Based on Neural Coding Principles, *Journal of Sensory Studies*, 31, pp. 430-439, 2016.

［11］ 長沢伸也：感性工学と感性評価と経験価値，長沢伸也編，戦略的感性商品開発の基礎——経験価値／デザイン／実現化手法／ブランド・経営——, 海文堂出版, pp. 3-20, 2019.

［12］ 白坂剛・下村尚登・大友貴史・小澤賢司：スイッチ音の感性評価に及ぼす触感の影響，感性工学，20(2)，2022.

第10章 宝塚歌劇団員の現役活動期間についての分析

坂部裕美子

はじめに

　筆者は，歌舞伎をはじめとする日本のさまざまな舞台公演記録（公演回数，演目数など）およびそれらの演者に関するデータ分析を専門としている．しかし，元となる公演資料の多くは「消耗品」扱いで（資料保存担当の部署は公演主催事務担当の部署とは別個のことが多く，公演主催部署は常に「次回公演」の事務処理に追われている），古い時代の公演データ分析を行おうとすると，最初の資料探しから大変な困難を伴う，というのが常である．そのような現状の中で，阪急電鉄株式会社という戦前から続く大資本企業の傘下にある宝塚歌劇団は，100年分を超える貴重な長期データを保存，公開している稀有な存在である．しかもこれは，公演主催者自らが創業当初から一貫して管理し続けているデータであり，記載内容の信頼性も非常に高い．

　宝塚歌劇団は，女性のみが出演者となれる劇団である，ということ以外にも，各組トップスターを中心とした厳格なピラミッド構造や，支援を惜しまない熱心なファンの存在など，他分野ではあまり見られない興味深い特徴が数多くあるのだが，まずはこの歌劇団における「現役団員としての活動期間」という切り口から，各種の分析を行ってみたい．

　宝塚歌劇団での現役活動

　宝塚歌劇団は，今年で創設109年という長い歴史を持つ興行団である．女性のみが所属する劇団であるため，男性の役もすべて「男役」と呼ばれる女性が演じる．女性の役を演じる者は「娘役」と呼ばれることが多い．男役娘役の別は宝塚音楽学校入学後に決定され，基本的には退団まで維持される．ちなみに，ある程度年齢が上の女性の役を演じることが多くなると「女役」と表されるこ

ともあるのだが，以降ではこの役割分担については「男役」「娘役」という呼称で統一する．

　劇団に入団すると，花・月・雪・星・宙のいずれかの組に配属され，本公演（宝塚大劇場および東京宝塚劇場における各1か月前後の公演で，基本的に各組所属者が全員出演するもの）やその他の公演（宝塚大劇場に対しての「小劇場」と言える宝塚バウホールでの公演や，御園座・博多座など各地の劇場での公演，全国ツアー公演など）に出演し，また，経験の浅いうちは本公演期間中に行われる「新人公演」に出演して先輩に役作りの基本を教わるなどしながら，芸の研鑽を積んでいく．そして，一定の年限を過ぎると退団，ということになるのだが，具体的に「いつ辞めるか」については，劇団員それぞれの自己判断とされている．

2　現役活動期間の集計

（1）集計用データ

　それでは，その「入団から退団まで」の期間はどのくらいと判断する劇団員が多いのか，実際の在団データを集計して確認していく．

　今回集計に使用するのは，筆者が書籍「虹の橋　渡りつづけて〈人物編〉」[2]からデータ入力した分に，宝塚歌劇団公式ホームページおよび「宝塚おとめ」（年1回発行される劇団員名鑑）に掲載されたデータを追加して作成した，1961（第47期）〜2021（第107期）年入団者のデータである．本意としては「戦後入団者」まで遡りたかったのだが，1960年代は入団者数が現在よりはるかに多く，想定外の入力コストオーバーになってしまい断念した（実際にデータ起こしをしていく中で，書籍の記載内容に若干の誤謬と思しき箇所も含まれていることが分かったのだが，これらについての正確なデータの照会作業にもかなりの時間を要した）．とは言え，この「1961年以降のみの入団者データ」でも，宝塚歌劇団史の一大転換点である「ベルサイユのばら」初演の主要メンバーはすべて網羅できており，十分分析対象とするに足ると考えている．

（2）活動期間の分布

　今回集計対象としたデータにおける宝塚歌劇団員の現役期間（2021年末時点のすべての既退団者について，「退団年 − 入団年 + 1」で計算）は8.27年となる．各自の在団年数をヒストグラムで表すと，図10-1のようになる．

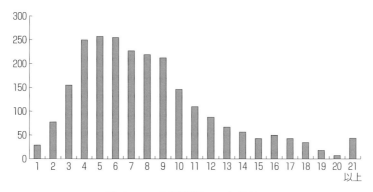

図10‐1　在団期間ヒストグラム
出所：阪急コミュニケーションズ『虹の橋　渡りつづけて〈人物編〉』，宝塚歌劇団公式HP
および「宝塚おとめ」各記載データより筆者作成.

　この全体傾向を示すグラフから，いくつかの特徴が読み取れる.

　まずその1つは，5～6年目あたりが退団のピークになることである. 宝塚歌劇団では現在，6年目終了をもって，阪急電鉄株式会社の正社員から，劇団員が個々に契約を結ぶ形に雇用形態が変わることになっている. 最初の契約交渉で自分の思うような条件での新規契約を得られなかった者が，この時点での決断を迫られるのではないだろうか.

　また，4年目退団者が3年目より急激に増えていることも特徴的だが，実は1961～1980年退団者のみで度数分布を集計するとピークは4年目となり，図10‐1の4年目退団者の約半分はこの期間の退団者である（ちなみに同期間の5年目退団者は全体の5分の2）. おそらくこの頃は，宝塚歌劇団というのは「人生の一時期を『華やかな舞台人』として過ごす」ための場所であり，「長居」をするところではない，と考えられていたのではないだろうか. その意味では，現代の「アイドル」と似た部分がある，と言えるかも知れない.

　さらに，全体として5年目（以降）の退団者が多くなることに関しては，関連すると思われる，ある「待遇」がある. 本公演千秋楽付で退団する場合，在団5年目以上の者は，「すみれの花咲く頃」のメロディに合わせ，大階段の中央をスポットライトを浴びながら1人で降りて挨拶できるのである（明文化はされていないようだが，実情はCS放送などで確認できる）. 4年目以下の場合，全出演者の後ろの方から歩み出る形になるので，「センター」で階段を降りられる者との印象の差は大きい（そもそも公演中に階段を1人で降りることができるのは，

トップなどごく限られた劇団員のみである).

　そして，グラフ全体で見ると，9年目までの退団者が圧倒的に多い（つまり9年目まででほとんどの劇団員は退団してしまう）ことが分かる．これは，第3節（3）で詳述する，新人公演期間の終了と関連があると思われる．劇団で長く活動し「上」を目指すには，この新人公演期間中に主役などの重要な役を獲得しておくことは必須条件と言えるのだが，その見込みの薄い者にとっては，新人公演とは，通常より曲がりなりにも「いい役」がつき，綺麗な衣装を着て舞台でセリフや歌を披露することができる唯一のチャンスである．この新人公演に出られる期間が終わるタイミングで，進退を考えても不思議はない．しかし，本当にそれのみが理由ならば，終了翌年の8年目がピークに来ると思われ，その1年後まで引き延ばされていることには説明がつけにくい．1年程度は周り（例えば同期入団者）の動向を窺いながら逡巡してしまうものなのか，または，実は新人公演とは関係のない何か全く別の理由があって8年目では辞められないのか，は，正直なところ部外者には調べようもない．

　宝塚歌劇団においては，先述のとおり退団の時期は「自主的に」決めるもの，とされているのだが，このように見てくると，劇団側が想定しているスター性に乏しい劇団員の「望ましい」在団期間は5（退団時の階段中央降りが可能に）〜7（新人公演終了）年で，図10‐1は実際に大多数がその暗黙のルールに準じている，ということを表しているようにも捉えられる[3]．

 3　　活動期間の属性別比較

（1）男役・娘役

　では，ここからは，個々の劇団員間の活動期間の違いについて，各種の属性別に比較してみる．まず，男役と娘役で比較する．稀に男役が娘役に転向することがあるが，この「転向者」はすべて娘役とする．

　それぞれの平均活動期間を集計すると，男役が8.74年，娘役が7.78年で，男役の方が1年ほど長めになるようである．もともと女性である劇団員が性別を超えて「男役」となって成長するには，入団時点で既にかなりのレベルで完成されてしまっている「娘役」よりも長い時間がかかることはよく知られている．男役は一人前になるまでには10年かかる，という意味の「男役10年」というフレーズもあるほどなのだが，実際には大半がそこまで男役を極めることなく辞

めているようである.

（2）所属の組

　さらに，組別の平均活動期間も計算してみた．組替え経験者はすべて「退団時点で所属していた組」に振り分けた.

　実は，全データで平均を取ると，宙組が平均活動期間が最も長い，という結果になる．だが，宙組は1998年に創設された組なので，昭和中～後期に多かった短期在団者のデータが全く含まれない．そこで，年次を揃えてデータ中の1998年以降の退団者に絞って集計した結果が表10‐1である．この処理を加えると，宙組は，平均値自体は全く変わらないにもかかわらず，最も平均活動期間が短い組に変わってしまった．なお，表中の「配属なし」というのは，入団後の組配属が正式決定する前に退団した団員で，ほとんどは病気休演等で「初舞台」にも上がることなく辞めている.

　ちなみに「専科」とは，各組の一員としての活動を続ける中で一定以上の技量があると認められた者が異動して所属する組で，20年を超えて活動する者が多い．専科所属者は各組公演に年数回程度，「組織の長」「主人公の母」などの舞台を引き締める重要な役や，ショーの一場面における「存在感の際立つ歌手」といった役回りで出演している．また，各組の組長および副組長と専科の間の人事交流も活発に行われており，さまざまな角度から歌劇団の公演全体を支えているベテランたちのグループと言える.

表10‐1　組別活動期間（1998年以降退団者）

組	件数	平均	最頻値
花	174	9.65	9
月	182	9.96	9
雪	186	9.31	7
星	195	9.77	9
宙	190	9.23	8
専科	29	32.76	40
配属なし	5	1.20	1

出所：阪急コミュニケーションズ『虹の橋　渡りつづけて〈人物編〉』，
　　　宝塚歌劇団公式HPおよび「宝塚おとめ」各記載データより
　　　筆者作成.

（3）新人公演主演

　新人公演とは，本公演と同一の芝居演目を入団7年目以下の劇団員のみの出演で行う公演であり，現在は本公演の日程中に宝塚と東京で各1回ずつ行われている．新人公演そのものは，キャリアの浅い劇団員の技芸研鑽の場，という色合いが強い（とは言え，ここでキラリと光るものを見せられれば本公演での抜擢につながる可能性もあり，若手には貴重な技芸「披露」の場とも言える）が，これの「主演」を獲得することは，先述のとおり，歌劇団で華々しい活躍を続けていくためには必須のステップである．「主演」は言わば「座長」でもあり，新人公演主演者には，自身の本公演の役よりセリフも出番も多い主役を演じ切るのみならず，公演成功に向かって出演者全員を統率していけるだけのパワーも必要となる．主演経験の有無によって，それ以降の舞台写真などの販売物や公演プログラム中での扱いに差が出ることもあるほど，新人公演主演は大きな「勲章」なのだが，やはりそれなりに狭き門となっており，入団年次によって変動はあるものの，同期入団者の中で新人公演主演を経験できるのは約10〜25％程度である．

　そして，新人公演主演を達成してもまだその後にはさまざまなハードルがあり，今回の集計データ中において，新人公演主演後に実際にトップに就任できたのは437名中125名，率にして28.60％に留まっている．これは現時点でのトップ就任者数を現時点での主演経験者数で割った値であり，もちろんこの437名の中から今後トップに就任する者も現れるであろうが，その頃には分母の新人公演主演経験者数も増えていると思われ，この比率自体はさほど大きく変わらないのではないかと考えている．

　そして，この主演経験の有無は，劇団員の現役活動期間そのものにも影響を及ぼすようである．新人公演に主演することは「自分は期待されている」「自分はもっとやれるはず」という気概をもたらすのか，男役も娘役も，主演経験者は活動期間が長めになる．既退団者で2020年までに新人公演主演を経験した者の平均活動期間は男役が14.38年，娘役が9.88年で，非経験者の男役7.81年，娘役7.41年より長い．ちなみに，トップの平均現役活動期間は男役が16.79年，娘役が10.22年で，「新人公演主演はしたがトップになれなかった者」の平均は男役12.90年，娘役9.71年である．

　主演非経験者の活動期間の平均を見ると，第2節（2）での考察「新人公演出演期間が終わると辞める」という仮説に非常によく合致する数値になっており，やはり新人公演期間終了は，各自に「これまでの頑張りの成果」と「立ち

位置」を認識させる一定の効果があるものと考えられる．だが，娘役に関して
は，入団３年目くらいで抜擢されて新人公演に主演し，７年目を迎える前に
トップに就任してしまうというケースも多く，若手娘役の肌感覚での「限界見
極め期」は，新人公演期間終了より早めになっていると考えられる．

（４）成　績

　劇団員の活動環境に影響を与えているとされる指標が，実はもう１つある．
試験の結果で決まる「成績」である．宝塚では，大勢の OG が集まる場でも
「入団年次順×成績順」で全員が一列に並ぶことができると言われるほど，劇
団員間の序列が重視されている（この序列は，成績下位者からトップが出たとしても
変わらないらしい）．最初の序列は宝塚音楽学校入学時の成績で，歌劇団入団以
降も５年目までは１年に１度試験が行われ（５年目の成績はそれ以降の序列として引
き継がれる），その結果は「宝塚おとめ」の記載順などに明確に反映されている．
　総体的に見て，公演での配役の良し悪しは必ずしも成績と連動しているわけ
ではないようだが，特にキャリアがまだ浅い時期には，成績の良い者から順に
歌やダンスなどで目立つ場面が与えられていく傾向が強い．そして，逆に成績
のあまり良くない者は，大人数の場面にしか出られない，そもそも出演場面が
少ないというような「日陰の存在」に甘んじさせられるのみならず，公演その
ものに出演させてもらえない，という憂き目を見ることもある．本公演には怪
我など余程の事情がない限り各組所属者全員が出演できるのだが，本公演終了
から次の本公演開始までの間に行われる外部公演やバウホール公演は，「組か
らの選抜メンバー」での上演とされている．各公演への出演者は宝塚歌劇団公
式 HP のそれぞれの公演ページの「出演者一覧」でも公開されているが，該当
公演の出演者しか掲載されないので，すべての公演の出演者を各組所属者一覧
と突き合わせない限り，外部からは「お休み」の劇団員の存在は確認できない．
しかし当人は「自分は出演者として選ばれなかった」という事実を，次の本公
演まで痛切に突きつけられることになる．このような扱いが度重なってくると
精神的な打撃も大きいようで，[4] 入団同期の中で最初に辞めてしまうのは，大抵
は成績最下位者である．宝塚の受験スクールを追ったテレビ番組は，試験の後
涙にくれる不合格者とは対照的に，合格者にはバラ色の未来が開けているよう
な演出で終わるものが多いが，もし40人合格者がいるなら，そこで既に１番
から40番までの序列があるわけで，合格は「次のステップでの競争」の始まりに

表10-2　成績順四分位別活動期間

クラス	活動期間	既退団者数
上位25%以内	9.60	556
～50%	8.83	596
～75%	7.81	589
下位25%	7.04	649

出所：阪急コミュニケーションズ『虹の橋　渡りつづけて〈人物編〉』，宝塚歌劇団公式HPおよび「宝塚おとめ」各記載データより筆者作成．

過ぎないのである．

　この，成績と活動期間の関連を調べてみる．先述のとおり順位は試験結果が出るたびに変動するのだが，作業の効率化を念頭に，ここでは入団時の成績のみを使用することとする．入団者数は年次によって変動があるので，まず全員に入団同期内での成績順データを付与し，その成績順四分位でクラス分けして，それぞれの平均活動期間を算出したのが表10-2である．新規入団者の組配属は成績順で均等に行われるわけではないのだが，40名前後の入団者が5組に分かれることを考えれば，上位25％に入っている者はみな，組内同期の中では1～2位に位置していると思われる．

　成績上位グループになるほど，活動期間が長くなっているのが分かる．また，成績下位25％では，既退団者の数が他より明らかに多くなっており，入団年次が異なっていても，まず成績下位グループに位置する者から辞めていく，という傾向は長年変わらないようである．

　ここまで，宝塚での活動期間が長くなる要因をさまざまに探ってきたが，中には「活動期間が長いほどプレイヤーとして優秀」であるかのように受け取られる読者がおられるかも知れない．確かに，「宝塚歌劇団」という世界の内側においては，長く活動できた者は（長期間ある程度の定期収入が約束され続けた，という意味でも）「勝者」という一面も持つ．だが，宝塚音楽学校は中学3年から受験できることを考えると，中には「憧れ程度の軽い気持ちで受験したら受かってしまったが，自分が目指したいものとは異なっていた」というようなケースもあると考えられ，短期退団は必ずしも「脱落」ではない．また，宝塚ではダンス・歌の双方にある程度以上の技量を要求されるので，もしそのどちらかのみが他を圧倒するレベルで優れているなら，そちらを極めた方が将来的にはプレイヤーとして長く活動できるかも知れない．宝塚に長く在籍すると，退

団後の活動ではどうしても「元宝塚の人」という色がついてしまうので，短期間で進路を切り替える選択には「まっさらな状態からスタートできる」というプラスの意義もある．劇団員の退団後の活動に関しては，第5節（2）でも述べる．

4　活動期間の長期比較

（1）入団同期でグループ化した場合

ここまで見てきたこの「現役活動期間」の，長期的な変化を調べたい．そのためには，「各年の退団者」を何らかのグループでまとめ，その平均の推移を見ればよい．このグループ分けには，同じ年に入団した者，つまり「入団同期」でまとめる方法と，同じ年に退団した者，つまり「退団同期」でまとめる方法があるが，まず「入団同期」の活動期間平均の推移を比較してみる．

　各年の入団者数と平均活動期間をグラフにまとめたものが図10-2である（第1軸が人数，第2軸が平均期間）．ちなみに，既退団者分のみの平均なので，現役の多い右側エリアは過小な値になっていると考えられる．また，長期在団者の多い専科の退団者が含まれる年は，平均が跳ね上がる．

　平均活動期間のグラフ（折れ線グラフ）は，2000年代直前までは右上がりのようにも見えるものの，この図から活動期間の長期的な変化を読み取ることは難

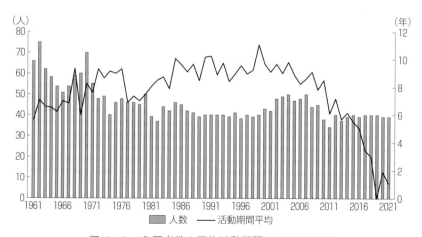

図10-2　入団者数と平均活動期間（入団同期平均）

出所：阪急コミュニケーションズ『虹の橋　渡りつづけて〈人物編〉』，宝塚歌劇団公式HPおよび「宝塚おとめ」各記載データより筆者作成．

しい．しかし，各期にも毎年それぞれ違う「個性」のようなものはあると考えられるので，これを探り出したい．特に，現役の多いグラフ右側のデータを使って何らかの分析を行ってみたい．そこで，2021年末時点で残数が20人以下となっている99期から遡って20年分について，「入団年から何年後の年末時点で指定の人数以下になったか」を調べてみた（表10‐3）．「―」はまだその人数以上在団していることを表す．

　この表を見ると，早々に大半が辞めてしまう年と，かなりの年数まで同期が大勢残る年があることが分かる．特に特徴的なのが1999年入団の85期で，この期には21年目での退団者がいるため，図10‐2では平均が上がっているように見えるのだろうと推測していたのだが，実はこの期は他にもベテランとして長期間活動した劇団員が比較的多かったのである．

　また，図10‐2からも明らかなとおり，1998年の宙組創設以降しばらく入団者数が50名近くに増えていた時期があるのだが，たくさん採用しても「結果的に残る人数」は変わらないようで，残数が20人以下になるまでの年数は，それ以前の7～8年よりは若干後ろ倒しになったものの，入団者が40人程度に戻った2010年以降と比較しても大きな差は見られない．

　ちなみに，「最後の1人までいなくなる年」は，その期から専科へ異動する者や組長・副組長に就任する者がいるかいないかで大きく異なってしまうので集計していないのだが，表10‐3中では80，83，84，86，87期は2021年末時点で全員退団済みとなっている．

（2）退団同期でグループ化した場合

　続いて，各年の退団者数と「退団同期」でグループ化した平均活動期間の推移を示したものが図10‐3である．データの構造上，図10‐2とは逆に，左側エリアの値は過小になっていると考えられる．また，2003年と2007年の値が突出しているのは，在団期間の長い専科の劇団員が複数退団した影響と見られる．

　しかし，これらの影響を除外しても，活動期間長期化の傾向が，図10‐2より明確に表れていると言える．また，退団者数のデータを見ると，劇団側のコントロールが効く入団者数のグラフよりも，年次ごとの凹凸が大きいことが分かる．これはその時点での歌劇団内の「空気感」と関連があると思われる．

　2020年の退団者が少ないのは，大半の公演が中止になっていた状況下なので当然と言えるが，それ以外でも，例えば2013年は極端に退団者が少ない．これ

表10-3　入団同期者の残数集計

	入団年	20人を切った年	10人を切った年	5人を切った年
80期	1994	7	9	12
81期	1995	7	12	14
82期	1996	8	13	16
83期	1997	8	10	13
84期	1998	7	10	14
85期	1999	10	12	16
86期	2000	9	10	15
87期	2001	8	10	15
88期	2002	9	12	15
89期	2003	8	12	16
90期	2004	10	14	17
91期	2005	9	12	—
92期	2006	9	15	—
93期	2007	9	12	14
94期	2008	10	13	—
95期	2009	9	—	—
96期	2010	10	—	—
97期	2011	8	—	—
98期	2012	9	—	—
99期	2013	8	—	—

出所：阪急コミュニケーションズ『虹の橋　渡りつづけて〈人物編〉』，宝塚歌劇団公式HPおよび「宝塚おとめ」各記載データより筆者作成.

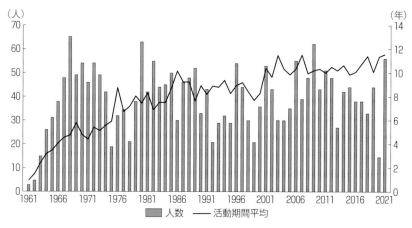

図10-3　退団者数と平均活動期間（退団同期平均）

出所：阪急コミュニケーションズ『虹の橋　渡りつづけて〈人物編〉』，宝塚歌劇団公式HPおよび「宝塚おとめ」各記載データより筆者作成.

は，折角なら翌年に控えたさまざまな「100周年記念行事」を劇団員として体感してから辞めたい，という思考が働いたからと察せられる．また，1998〜1999年にも退団者が減っているが，この頃は宙組創設，改築された東京宝塚劇場の新開場および東京での通年公演開始（それまでは宝塚大劇場公演の一部の演目は東京での公演が行われなかった）と，「宝塚が新しく変わりそう」という期待感に満ち溢れていた時期であり，当時退団志向のあった劇団員に，100周年の時期と同様の思惑が働いたのではないだろうか．

　これら以外でも宝塚歌劇団は「周年行事」には非常に精力的で（近年では『歌劇』創刊100周年」「タカラヅカ・スカイ・ステージ開局20周年」などの記念行事が行われている），歌劇団創設に纏わる10年ごとのアニバーサリーイヤーには専科から音楽学校生まで全劇団員参加の「大運動会」も催され，毎回大いに盛り上がる．だが，実はこのようなイベントも，退団を迷っている者にはある種の「区切り」とできる，という効用を持つのかも知れない．

 ## 5　活動期間長期化に影響を与えている要因

（1）劇団内部要因

　ここからは，活動期間の長期化の要因を考察してみる．

　実は，2012年頃から専科の存在意義が若干変わり，組長などの管理職および「脇役の重鎮」となるための専科異動のみでなく，2番手格の待遇で各組の公演に出演し，トップ就任の可能性も保ちながら専科に在籍する，という劇団員が若干名存在するようになった．結果的に，将来が不安定なままの長期在団を経ての退団を許容する形になっており，これが平均活動年数上昇の一因となっている可能性がある．

　また，最大の目標ともいえるトップ就任が，近年は後ろ倒しになってきていることの影響も考えられる．1979年の瀬戸内美八（入団14年目で就任）は当時としては遅いトップ就任だったのだが，その後1988年に15年目，2001年に16年目，2007年に17年目，さらに2013年には18年目で就任のトップが誕生した．そして，今後もこの傾向が維持されるのかは不明なのだが，2021年には11年目および12年目での娘役トップ就任が続いた．これらの事例は，トップ候補者の中に「自分もあの年限まで頑張れば夢が叶うかも知れない」という期待を抱かせるには十分である．

（2）劇団外部要因——ミュージカル公演の増加——

　また，劇団から外に視野を向けても，1970年代にはほぼ皆無だった，「ミュージカル」という宝塚で得たスキルを直接生かせそうなジャンルの公演数の激増は，宝塚歌劇団を従来の「人生の華やかなひと時を過ごす場所」から「将来ミュージカル俳優になるためのキャリア形成の場」と変えていくに十分だったと言える．図10 - 3で見ても，劇団四季が「コーラスライン」を初演した1979年，「CATS」を初演した1983年，帝国劇場で「レ・ミゼラブル」が初演された1987年の前後は退団者が増えているような印象がある．さらに近年は，従来「チケットを捌ける存在」としての期待も込めて多かったトップ経験者の主演公演以外にも，元トップではない実力派 OG が重要な役で出演しているミュージカルや，OG の出演する「2.5次元ミュージカル」を頻繁に見かけるようになった．実際に舞台関係者からは「宝塚 OG は舞台公演の基礎が身についているので，演出家の指示をすぐ理解して動いてくれて仕事がしやすい」というコメントも聞かれるなど，宝塚歌劇団は既に十分に「ミュージカル俳優の人材供給元」として機能していると言える．

（3）社会的環境変化—統計指標との比較

　さらに，かつては女性は20代で結婚して家庭に入るのが当然とされ，昭和中期頃にはむしろ異端扱いだった「女性が30代以降も仕事を持つこと」が当たり前のこととして認識されるようになるという，日本社会全体の大きな環境変化があった．これらも活動期間が長期化する要因になっていると考えられる．

　これをデータで検証しようと，平均活動期間の推移（退団同期平均）と，各種の統計指標との相関係数を算出してみたところ，

平均初婚年齢（人口動態調査）—妻	0.77
有業率（就業構造基本調査）—25-29歳女性	0.92
労働力人口比率（労働力調査）—25-29歳女性	0.80
大学（学部）への進学率（学校基本調査）—女	0.73

となった．どれも強い相関を窺わせる数値ではあるのだが，「長期的に漸増傾向のある時系列データ」同士の比較なので数値が高めに出たものと考えている．

　しかし，1984年の書籍「ザ・宝塚」（志摩修，大陸書房）を読むと，「彼女たちのほとんどは結婚のために退団してしまう」とさも当然のことのごとく記載さ

れており（「主な OG の嫁ぎ先の職種」の紹介コーナーまである），数値では説明できなくても，時代の変化が劇団員の現役活動志向に与えた影響は否定できない．現在は退団してすぐに結婚する OG は少数派と言え，ほとんどは「進学」か「（芸能界を含む）他業界への転身」である．また，結婚・出産で一時期活動を休止しても，子育てがひと段落すると舞台復帰する OG も多い．

　また，宝塚での活動条件には現在でも「未婚」が含まれているため，個人の結婚観そのものが現役活動期間に影響を及ぼす可能性もある．前後の年と比べて突出して退団者の多い1980年は山口百恵が結婚引退した年であり，引退宣言から結婚に至るまでを連日マスコミがこぞって報道していたので，もしかすると，この時期にちょうど自身の進退を考えていた劇団員が，それを見て「背中を押された」と感じた，という効果があったのかも知れない．1980年の退団者の激増は，その直前数年間の退団者の減少と併せ非常に興味深いので，もう少し広範に資料を揃えて考察してみたい．

お わ り に

　このように，一部はジェンダー問題に絡めながら宝塚歌劇団での現役活動期間データを分析してみると，これまで筆者自身が持っていた「特殊な一劇団の団員の活動記録」という認識からとは全く異なる見え方があった．さらに現在は，野球やサッカーなどのプロスポーツ選手の現役活動期間も長期化しており，これらのデータとの比較も行うことで，女性であるのみならず「アスリート」でもある歌劇団員の活動についての分析を進めたい．そしてこの「現役活動期間データ」が，「女性実演家の現役活動期間に関する，信頼性の高い長期データ」として今後もさらに活用されていくことを期待したい．

参 考 文 献

［１］　森下信雄：宝塚歌劇の経営学，東洋経済新報社，2021.
［２］　阪急コミュニケーションズ：宝塚歌劇100年史　虹の橋　渡りつづけて〈人物編〉〈舞台編〉，2014.
［３］　坂部裕美子：データで見るタカラジェンヌ：「在団期間」と「退団」についての集計，デジタルアーカイブ学会誌，4(2)，199-202, 2020.
［４］　天真みちる：こう見えて元タカラジェンヌです，左右社，2021.

第11章 地域ブランドにおける感性評価と潜在構造分析の役割

熊王康宏

は じ め に

　地域におけるブランド化を考えた場合，親しみやすい"もの"である食品が想起される．食品としては，農産品，加工品が主に対象となり，各地域でブランド化されている．

　静岡県の特産品には温州ミカン，メロンがあり，地域ブランド化されている．温州ミカンとメロンの地域ブランドに関する研究として，潜在構造分析を用いて，複雑な評価項目間の関係性を明らかにしたうえで，購買評価に影響する要因を特定してきた[1-3]．潜在構造分析を用いることにより，感性評価における複雑な評価項目間の関係性である潜在構造は抽出できるのであるが，これは潜在意識における構造であることも意味している[4]．

　静岡県には，地域ブランドとしても，お茶，魚，肉などの"もの"があり，いずれも収穫量，出荷量など，全国でも上位に位置している．

　静岡県焼津市では，地域の特産品を活かした"もの"を地域ブランド化し，お茶とそぼろが高速道路におけるサービスエリアで販売された．この地域ブランド化された焼津市の商品において，感性評価が購買評価に対してどのように影響を与えるのかを，潜在構造分析の結果から明らかにする．

　本章では，商品化されたお茶とそぼろにおける評価の特徴を把握し，潜在構造分析により複雑な評価項目間の関係性を明らかにしたうえで，購買評価に影響する要因を明らかにした事例を紹介する．

1　購買評価に関する尺度

　本研究は，2つの実験から構成されている．パネルには，焼津市の特産品であるお茶（緑茶(A)，和紅茶(B)，ほうじ茶，(C)玄米茶(D)）4種類，そぼろ（鮪(A)，鮭(B)，

鰹(C)，鯛(D))の4種類をそれぞれ飲食して評価してもらった．評価の際，パネルには，サンプルがどのような商品なのかを提示せずに供試した．評価の方法は，5段階評価尺度を用いた．お茶の感性評価実験に関する評価項目は，「香りの強さ」「お茶らしさ」「すっきり感」「甘さ」「渋さ」「苦味」「うまみ」「酸っぱさ」「味の濃さ」「後味の良さ」「バランスの良さ」「高級感」「おいしさ」「飲みたさ」「買いたさ」の15項目で評価してもらった．

　そぼろの感性評価実験に関する評価項目は，そぼろのパッケージに関する24項目（「見た目の良さ」，「香りの良さ」，「しっとり感」，「ツブツブ感」，「ゴロゴロ感」，「ふわっと感」，「歯ごたえ感」，「さっぱり感」，「塩っぽさ」，「甘さ」，「酸っぱさ」，「苦さ」，「うまみ」，「味の濃さ」，「後味の良さ」，「本物志向」，「他の料理との相性の良さ」，「使いやすさ」，「おいしさ」，「高級感」，「食べやすさ」，「品の良さ」，「食べたさ」，「買いたさ」）で評価してもらった．

　パネルは，20歳代前半から40歳代後半の男女27名であり，それぞれのサンプルを食べた時に感じた度合いを各評価項目に対して評価してもらった．評価尺度とその得点は，感じない(1)，あまり感じない(2)，少し感じる(3)，かなり感じる(4)，とても感じる(5)であった．

　評定尺度法による評価実験で用いる解析方法は，主成分分析，グラフィカルモデリング[5]である．グラフィカルモデリングは，因果分析の一種であり，2変数間の関係性を表わす尺度として，通常の相関係数ではなく偏相関係数を利用し，仮説を検証せず直接的な関係性を浮き彫りにし潜在構造の仕組みを紐解く手法である．これら一連の分析については，JUSE-StatWorks/V5 を用いた．

 　購買評価に影響を与える要因は何か

（1）主成分分析

　得られたデータを主成分分析した結果，お茶の場合，固有値は1.0以上で4主成分抽出され，この時の累積寄与率は71.7%であった（表11-1）．そぼろの場合，固有値は1.0以上で6主成分抽出され，この時の累積寄与率は67.0%であった（表11-2）．

　各評価項目において，主成分負荷行列値の絶対値の最大を確認した．

　お茶の場合，主成分1では，「お茶らしさ」，「すっきり感」，「うまみ」，「味の濃さ」，「後味の良さ」，「バランスの良さ」，「高級感」，「おいしさ」，「飲みた

さ」,「買いたさ」が, 主成分2では,「甘さ」,「渋さ」,「苦さ」が, 主成分3
では,「酸っぱさ」が, 主成分4では,「香りの強さ」が, それぞれ抽出できた.
この結果から, 各主成分を解釈すると, 主成分1は「味による総合評価」, 主
成分2は「苦み感」, 主成分3は「酸っぱさ」, 主成分4は「香りの強さ」と解
釈できた (図11-1).

　同様に, そぼろの場合, 主成分1では,「見た目の良さ」,「香りの強さ」,
「うまみ」,「後味の良さ」,「本物志向」,「他の料理との相性の良さ」,「使いや
すさ」,「おいしさ」,「高級感」,「食べやすさ」,「品の良さ」,「食べたさ」,「買
いたさ」が, 主成分2では,「ツブツブ感」,「ゴロゴロ感」,「歯ごたえ感」,
「さっぱり感」,「塩っぽさ」,「酸っぱさ」,「苦さ」が, 主成分3では,「しっと
り感」,「甘さ」が, 主成分4では,「ふわっと感」が, 主成分5では,「味の濃

表11-1　主成分分析結果 (主成分負荷行列, 固有値, 寄与率, 累積寄与率) (お茶)

評価項目	主成分1	主成分2	主成分3	主成分4
香りの強さ	0.228	0.402	-0.328	*0.599*
お茶らしさ	*0.559*	0.273	-0.237	0.472
すっきり感	*0.457*	-0.425	0.155	0.292
甘さ	0.115	*-0.530*	0.349	-0.178
渋さ	0.163	*0.889*	0.141	-0.153
苦さ	0.177	*0.876*	0.087	-0.184
うまみ	*0.764*	-0.040	0.128	-0.191
酸っぱさ	-0.173	0.181	*0.787*	0.431
味の濃さ	*0.592*	0.483	0.156	-0.218
後味の良さ	*0.765*	-0.346	-0.091	0.106
バランスの良さ	*0.770*	-0.093	0.219	0.069
高級感	*0.746*	0.009	0.298	0.094
おいしさ	*0.940*	-0.075	-0.056	-0.087
飲みたさ	*0.916*	-0.094	-0.096	-0.081
買いたさ	*0.870*	-0.032	-0.203	-0.176
固有値	5.822	2.668	1.196	1.096
寄与率	0.388	0.178	0.080	0.073
累積寄与率	0.388	0.566	0.646	0.719

出所：熊王康宏 (2022) 感性評価による地域ブランドの潜在構造分析に関する研究, 感性工学20(2)
　　　pp. 76-79.

表11－2　主成分分析結果（主成分負荷行列，固有値，寄与率，累積寄与率）（そぼろ）

評価項目	主成分1	主成分2	主成分3	主成分4	主成分5	主成分6
見た目の良さ	*0.583*	0.224	0.314	-0.022	-0.320	-0.039
香りの良さ	*0.546*	0.166	0.513	-0.028	-0.225	0.076
しっとり感	0.411	-0.024	*-0.475*	0.400	-0.238	0.248
ツブツブ感	0.205	*0.700*	-0.367	-0.186	-0.118	0.048
ゴロゴロ感	0.113	*0.571*	-0.494	-0.370	0.300	-0.081
ふわっと感	0.409	-0.213	-0.359	*0.432*	0.318	0.121
歯ごたえ感	0.281	*0.565*	-0.026	-0.471	-0.003	0.062
さっぱり感	0.303	*-0.476*	-0.405	-0.221	0.037	-0.343
塩っぽさ	0.193	*0.661*	0.084	-0.021	-0.216	-0.021
甘さ	0.411	0.002	*-0.441*	0.161	-0.163	0.363
酸っぱさ	-0.101	*0.538*	-0.071	0.604	-0.110	-0.267
苦さ	-0.196	*0.493*	-0.042	0.330	0.233	-0.391
うまみ	*0.605*	0.016	-0.204	-0.210	0.195	0.021
味の濃さ	0.337	0.317	0.172	0.091	*0.541*	0.414
後味の良さ	*0.687*	-0.142	0.282	-0.032	0.341	0.142
本物志向	*0.664*	0.146	0.271	0.133	0.068	0.247
他の料理との相性の良さ	*0.766*	0.064	0.112	0.092	0.187	-0.344
使いやすさ	*0.726*	0.030	0.173	0.161	0.124	-0.298
おいしさ	*0.814*	-0.139	0.012	0.057	0.206	-0.122
高級感	*0.699*	-0.041	-0.207	0.078	-0.273	0.104
食べやすさ	*0.767*	-0.323	-0.106	-0.252	-0.105	-0.077
品の良さ	*0.724*	-0.132	-0.108	0.009	-0.181	-0.243
食べたさ	*0.883*	-0.059	-0.007	-0.129	-0.054	-0.058
買いたさ	*0.798*	0.031	0.087	0.089	-0.165	0.057
固有値	7.642	2.750	1.808	1.494	1.249	1.127
寄与率	0.318	0.115	0.075	0.062	0.052	0.047
累積寄与率	0.318	0.433	0.508	0.571	0.623	0.670

出所：熊王康宏（2022）前掲稿.

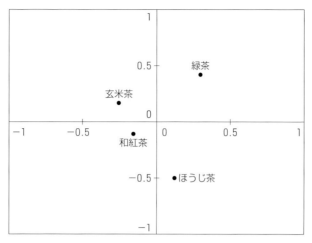

図11‐1　主成分得点の平均の散布図（お茶）

（x軸：主成分1, y軸：主成分2）

出所：熊王康宏（2022）前掲稿.

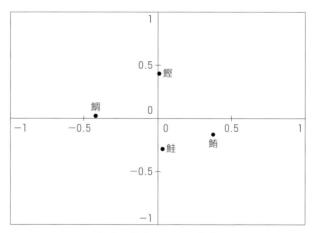

図11‐2　主成分得点の平均の散布図（そぼろ）

（x軸：主成分1, y軸：主成分2）

出所：熊王康宏（2022）前掲稿.

さ」が, それぞれ抽出できた. この結果から, 各主成分を解釈すると, 主成分1は「見た目と味と香りで感じる総合評価」, 主成分2は「中身の具材の味と食感」, 主成分3は「べたつき感」, 主成分4は「柔らかさ」, 主成分5は「濃

い味の良さ」と解釈できた.

　各サンプルが，どのように評価されているのかを確認するために，横軸を主成分1，縦軸を主成分2として，主成分得点の平均値を散布図上に布置した（図11-2）.

　お茶では，主成分1上で高く評価されているのは，緑茶とほうじ茶であった. そぼろでは，主成分1上で高く評価されてるのは，鮪と鮭と鰹であった. これらの結果から，身近に販売されている"もの"に対しては評価が高かったように考えられる. お茶では，和紅茶，玄米茶で，そぼろでは，鯛で，飲食した際に，その特徴が明らかにわかるように風味を強調させたり，別の風味を添加して商品化する必要性がある.

　主成分分析の結果からも，主成分1上で評価の高かったサンプルにおいては，その特徴が異なるものと考えられる. そこで，評価の特徴が，潜在構造の中で，どのように構造化しているのかを明らかにするため，グラフィカルモデリングにより構造解析する必要がある.

（2）グラフィカルモデリング

　お茶の場合，主成分1として抽出された評価項目である「お茶らしさ」，「すっきり感」，「うまみ」，「味の濃さ」，「後味の良さ」，「バランスの良さ」，「高級感」，「おいしさ」，「飲みたさ」，「買いたさ」の10項目に対して，緑茶とほうじ茶における感性評価の結果をグラフィカルモデリングにより解析した. 解析の結果，緑茶：逸脱度＝11.279　自由度＝20　p値＝0.9387（図11-3），ほうじ茶：逸脱度＝8.735　自由度＝20　p値＝0.9858（図11-4）の無向独立グラフを得た.

　そぼろの場合，主成分1として抽出された評価項目である「見た目の良さ」，「香りの強さ」，「うまみ」，「後味の良さ」，「本物志向」，「他の料理との相性の良さ」，「使いやすさ」，「おいしさ」，「高級感」，「食べやすさ」，「品の良さ」，「食べたさ」，「買いたさ」の13項目に対して，鮪，鮭，鰹における感性評価の結果をグラフィカルモデリングにより解析した. 解析の結果，鮪：逸脱度＝36.548　自由度＝54　p値＝0.9670（図11-5），鮭：逸脱度＝36.944　自由度＝53　p値＝0.9541（図11-6），鰹：逸脱度＝26.580　自由度＝50　p値＝0.9974（図11-7）の無向独立グラフを得た.

　解析結果のp値は，データを十分説明できる値であった. 各図中の数字は

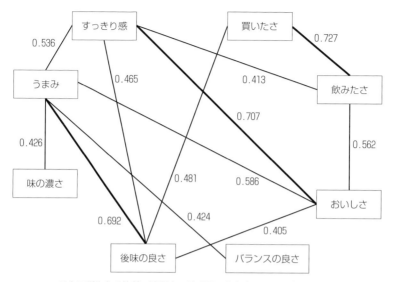

フルモデルとの比較：逸脱度＝11.279　自由度＝20　P値＝0.9387

図11‐3　グラフィカルモデリングの結果（緑茶）

出所：熊王康宏（2022）前掲稿.

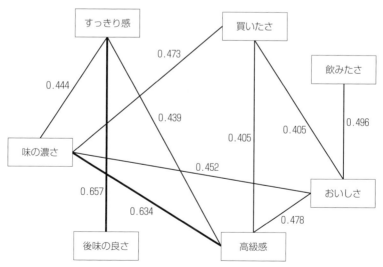

フルモデルとの比較：逸脱度＝8.735　自由度＝20　P値＝0.9858

図11‐4　グラフィカルモデリングの結果（ほうじ茶）

出所：熊王康宏（2022）前掲稿.

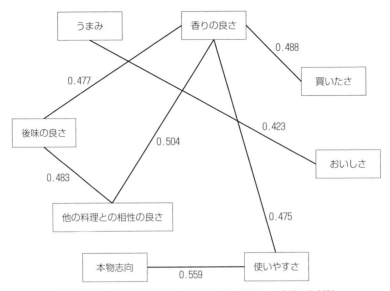

フルモデルとの比較：逸脱度＝36.548　自由度＝54　P値＝0.9670

図11‐5　グラフィカルモデリングの結果（鮪）

出所：熊王康宏（2022）前掲稿.

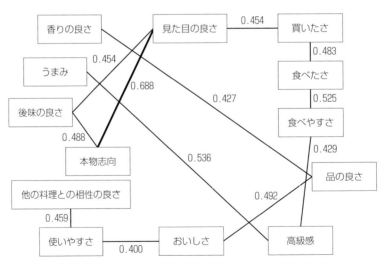

フルモデルとの比較：逸脱度＝36.944　自由度＝53　P値＝0.9541

図11‐6　グラフィカルモデリングの結果（鮭）

出所：熊王康宏（2022）前掲稿.

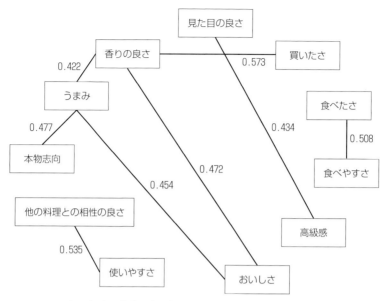

フルモデルとの比較：逸脱度＝26.580　自由度＝50　Ｐ値＝0.9974

図11-7　グラフィカルモデリングの結果（鰹）

出所：熊王康宏（2022）前掲稿．

偏相関係数で大きい値示している．

　グラフィカルモデリングにより抽出できた構造から，緑茶とほうじ茶で，「すっきり感」と「後味の良さ」，「飲みたさ」と「おいしさ」が，直接的に関係する共通の評価項目が確認できた．緑茶では，「すっきり感」，「後味の良さ」，「おいしさ」に，ほうじ茶では，「味の濃さ」，「高級感」，「おいしさ」に，それぞれ直結する関係性が多く見られた．つまり，緑茶では，"すっきりとしたうまみのある後味の良さ"が"飲みたくなるおいしさ"に，ほうじ茶では，"高級感のある味の濃さ"が"飲みたくなるおいしさ"に，潜在意識の中でそれぞれ影響していることを表している．

　そぼろでは，鮪と鰹で「うまみ」と「おいしさ」，「香りの良さ」と「買いたさ」が，鰹と鮭で「他の料理との相性の良さ」と「使いやすさ」が，それぞれ直接的に関係する共通の評価項目が確認できた．鮪では，「うまみ」と「おいしさ」が直結する関係性のみであったが，鰹では「うまみ」と「香りの良さ」，「おいしさ」が相互で直接的に関係し，この「うまみ」が「本物志向」に，「香

りの良さ」が「買いたさ」にそれぞれ直結するという複雑な評価の関係性が見られた．つまり，鰹の場合，"うまみと香りの良さで感じるおいしさ"が形成され，"うまみで感じる本物志向"と"香りの良さで感じる買いたさ"を，潜在意識の中でそれぞれ影響していることを表している．鮭の場合，潜在意識の中では，全ての評価横目において直結する関係性が確認でき，「見た目の良さ」と「本物志向」の直結する関係性が特に強かった．そぼろを地域ブランドとして販売する場合，鮭であれば"はずれのない商品"となる可能性があり，鮪，鰹ともに，開けた時の香りの良い商品であれば，買いたさも向上することが，グラフィカルモデリングの結果からも明らかになった．

お わ り に

　本章では，商品化されたお茶とそぼろにおける評価の特徴を把握し，潜在構造分析により複雑な評価項目間の関係性を明らかにしたうえで，購買評価に影響する要因を特定できた．
　緑茶とほうじ茶の場合では，潜在意識の構造下で評価している評価項目において，共通する評価とそうでない評価があり，緑茶では"すっきりとしたうまみのある後味の良さ"を，ほうじ茶では"高級感のある味の濃さ"を強調する必要がある．そぼろの場合，鰹では"うまみと香りの良さで感じるおいしさ"を強調する必要がある．
　地域ブランドを創出する際に，潜在意識の構造を抽出できるグラフィカルモデリングを用いることで，"はずれ"のない商品開発が可能となり，感性評価と潜在構造分析において重要な役割がある．

参 考 文 献

［1］　熊王康宏，山家一哲，中村茂和：感性評価による温州ミカンの経時変化における潜在構造と購買評価に関する研究，日本感性工学会論文誌，16(1)，pp. 29-34, 2017.
［2］　熊王康宏，中根健，神谷径明，山本寛人：感性評価による温室メロンの食べ頃感と購買評価に関する研究，日本感性工学会論文誌，14(1)，pp. 1-7, 2015.
［3］　熊王康宏，安藤利夫，鈴木美穂子，吉田誠，中村宣貴：地域ブランド創出におけるメロンの購買評価と脳波に関する感性評価研究，日本感性工学会論文誌，15(1)，pp. 55-64, 2016.
［4］　熊王康宏：食品の感性評価における潜在構造分析，経営システム誌，26(1)，pp.

18-24, 2016.

［5］　日本品質管理学会テクノメトリックス研究会：グラフィカルモデリングの実際，株式会社日科技連出版社，pp. 17-35, 1999.

［6］　熊王康宏：感性評価による地域ブランドの潜在構造分析に関する研究，感性工学，20(2)，pp. 76-79, 2022.

初 出 一 覧

第1章　長沢伸也，大津真一：「エクスペリエンス（経験・体験）」と「経験価値マーケティング」再考（Ⅰ）――顧客体験（CX）概念と経験価値モジュールを中心として――，感性工学，第20巻第3号，pp. 113-121, 2022

第2章　大津真一，長沢伸也：「エクスペリエンス（経験・体験）」と「経験価値マーケティング」再考（Ⅱ）――行動的／肉体的経験価値，関係的経験価値を中心として――，感性工学，第20巻第3号，pp. 122-129, 2022

第3章　竹村和久，劉放：商品の感性的価格判断――心的モノサシ理論による説明――，感性工学，第20巻第3号，pp. 136-142, 2022

第4章　高山誠：新しい時代の商品ブランドの価値と意味の経済学――覇権の経済学――，感性工学，第20巻第3号，pp. 130-135, 2022

第5章　長沢伸也：国内ファッション・アパレルブランドの現状と課題，感性工学，第20巻第2号，pp. 53-59, 2022

第6章　熊谷健，長沢伸也：買物経験，ブランドのラグジュアリー性と幸福感の関係――リアル店舗とデジタル店舗における買物経験の考察――，感性工学，第20巻第2号，pp. 60-64, 2022

第7章　長沢伸也，杉本香七：モンブランのラグジュアリー戦略――歴史・土地・人物・技術のブランド要素化――，感性工学，第20巻第2号，pp. 80-86, 2022

第8章　北浦さおり：国内における被服消費縮小と消費者の被服関心――COVID-19による影響――，感性工学，第20巻第2号，pp. 65-70, 2022

第9章　白坂剛，下村尚登，大友貴史，小澤賢司：スイッチ音の感性評価に及ぼす触感の影響，感性工学，第20巻第2号，pp. 87-93, 2022

第10章　坂部裕美子：宝塚歌劇団員の現役活動期間についての分析，感性工学，第20巻第3号，pp. 148-152, 2022

第11章　熊王康宏：感性評価による地域ブランドの潜在構造分析に関する研究，感性工学，第20巻第2号，pp. 76-79, 2022

おわりに

　本書は，日本感性工学会感性商品研究部会の成果物である．部会員14名が同部会研究会や日本感性工学会大会部会企画セッションで発表し，学会誌『感性工学』第20巻第2号および第3号（2020年）特集「感性商品が日本を救う！①」および「同②」に掲載された解説論文13編のうち11編について，それぞれ加除修正している（巻末 初出一覧を参照）．

　感性商品研究部会は，日本感性工学会設立時より組織化され，1999年4月に正式に発足した．部会長は，初代が長沢伸也（立命館大学．現 早稲田大学），二代目が故・神田太樹先生（西武文理大学），三代目が亀井且有先生（立命館大学），四代目が再び長沢となっている．部会員は83名（2022年4月現在）で，日本感性工学会を構成する部会で最大規模を誇り，大学関係者と実務家と半々で構成されているのが大きな特徴である．

　部会では，日本感性工学会大会における部会企画セッションと研究会を年3回（3月，7月，12月）開催している．毎年1回は京都で開催され，京町家や西陣織工房見学，雅な聞香や投扇興体験，祇園一力での懇親会と趣向を凝らしている．夏と冬の研究会は東京開催が多いが，北海道や山梨県で開催した実績もあり，ご当地の秘湯やワイナリーを訪問したりして感性を磨いている．

　本書は，感性商品開発のための新たな理論的枠組みやファッション＆ラグジュアリーブランドを中心とした感性商品研究を中心とした研究を紹介することにより，産学の幅広い読者の皆様の参考になるものと信じている．併せて当部会の存在と力量が知られることとなれば幸甚である．

　最後になったが，本書の核となった『感性工学』誌特集「感性商品が日本を救う！①」および「同②」を企画いただいた日本感性工学会長 庄司裕子先生，同編集委員会担当理事 高寺政行先生，ならびに同学会誌編集委員長 荻野晃大先生，また本書の出版・編集の労を取っていただいた晃洋書房編集部 西村喜夫部長ならびに坂野美鈴様に心より感謝を申し上げる．

日本感性工学会および早稲田大学 WBS 研究センター感性商品研究部会長

長 沢 伸 也

《執筆者紹介》（執筆順，＊は編著者）

＊長沢伸也（ながさわ　しんや）[はじめに，第1章，第2章，第5章，第6章，第7章，おわりに]
奥付参照

大津真一（おおつ　しんいち）[第1章，第2章]
日本アイ・ビー・エム株式会社社会貢献担当部長．
主要業績
企業のCSRの立場から，IT人材育成のための社会貢献活動推進に従事．プロジェクト・マネジメント・プロフェッショナル（PMP）．

竹村和久（たけむら　かずひさ）[第3章]
早稲田大学文学学術院教授．
主要業績
Foundations of Economic Psychology, Springer Nature, 2019.
Behavioral Decision Theory : Psychological and Mathematical Descriptions of Human Choice Behavior, Springer Nature, 2nd ed, 2021.
Escaping from Bad Decisions : A Behavioral Decision Theoretic Perspective, Academic Press, 2021.

劉　放（りゅう　ほう）[第3章]
早稲田大学大学院文学研究科博士後期課程在学中．
主要業績
「消費者理解と消費者の意思決定支援――誤認とトラブルの回避のために――」（共著），『繊維製品消費科学』62(9)，pp. 567-572，2021年．
「商品の感性的価格判断――心的モノサシ理論による説明――」（共著），『感性工学』20(3)，pp. 136-142，2022年．

高山誠（たかやま　まこと）[第4章]
ハリウッド大学院大学教授．
主要業績
『地方創生への招待』（共著），大正大学出版会，2020年．
『戦略空間の経営学――中心と周辺のダイナミクス――』日本情報経営学会誌 40(3)，pp. 96-106，2020年．
"Medical Hegemony and Healthcare: Centrality in Healthcare", *Healthcare Access,* Intech, 2021.

熊谷健（くまがい　けん）[第6章]
三重大学学長補佐・人文学部教授．
主要業績
『ラグジュアリーと非ラグジュアリーの店舗立地戦略――理想の自分，現実の自分とブランドの関係――』，文眞堂，2020年．
"Exploring the role of brand-sustainability-self-congruence on consumers' evaluation of luxury brand", *Asia Pacific Journal of Marketing and Logistics,* https://doi.org/10.1108/APJML-05-2022-0380, 2022.
"Launch of Sustainable Plastic Apparel: Effects of Brand Luxury and Experience on Consumer Behaviour"（共著），*Sustainability,* 12(18) e-7662, 2020.

杉 本 七 香（すぎもと　かな）[第7章]

　　早稲田大学理工学術院，法政大学経済学部非常勤講師．株式会社メントール代表取締役社長．
　　主要業績
　　『シャネルの戦略──究極のラグジュアリーブランドに見る技術経営──』（共著），東洋経済新報
　　　　社，2010年．
　　『カルティエ 最強のブランド創造経営──巨大ラグジュアリー複合企業「リシュモン」に学ぶ感性
　　　　価値の高め方──』（共著），東洋経済新報社，2021年．

北浦さおり（きたうら　さおり）[第8章]

　　宇都宮共和大学シティライフ学部准教授．
　　主要業績
　　「ゲーマーとネットオタクがファッションをだめにする？」『Nextcom』20，pp. 34-41，2014年．
　　『フリーイノベーション』（共訳），白桃書房，2019年．

白 坂　　剛（しらさか　たけし）[第9章]

　　アルプスアルパイン株式会社技術企画室．
　　主要業績
　　車載用ヒューマンマシンインターフェース関連商品の開発・設計．
　　ヒューマンマシンインターフェースに関する基礎研究（感性領域）．

下 村 尚 登（しもむら　ひさと）[第9章]

　　アルプスアルパイン株式会社 C2 技術部．
　　主要業績
　　ホームオーディオ用マスターボリューム関連の開発・設計．
　　ゲームコントローラー用インプットデバイスの開発・設計．
　　モバイル機器用インプットデバイスの開発・設計．

大 友 貴 史（おおとも　たかし）[第9章]

　　アルプスアルパイン株式会社開発部．
　　主要業績
　　スマートフォン向けレンズアクチュエーター開発・設計．
　　ヒューマンマシンインターフェースに関する基礎研究（感性領域）．

小 澤 賢 司（おざわ　けんじ）[第9章]

　　山梨大学大学院総合研究部教授．
　　主要業績
　　『音と人間』（共著），コロナ社，2013年．
　　『聴覚（音色）』（分担共著），コロナ社，2021年．
　　『ディジタル音響信号処理入門── Python による自主演習──』コロナ社，2022年．

坂部裕美子（さかべ　ゆみこ）[第10章]

　　公益財団法人統計情報研究開発センター研究員．
　　主要業績
　　『芸能活動の構造変化──この10年の光と影──』（共著），日本芸能実演家団体協議会，2007年．
　　『ワーク・ライフ・バランスと日本人の生活行動』（共著），日本統計協会，2010年．

熊 王 康 宏（くまおう　やすひろ）［第11章］

静岡産業大学経営学部教授，同大学総合研究所副所長.

主要業績

「食品の感性評価における潜在構造分析」『経営システム』26(1)，2016年.

『においと香りの表現辞典』（共編著）東京堂出版，2019年.

「感性評価による地域の香りと感動のための潜在構造分析」『香料』(292)，日本香料協会，2021年.

《編著者紹介》

長沢 伸也（ながさわ しんや）

早稲田大学ビジネススクール（大学院経営管理研究科）および商学研究科博士課程教授.
早稲田大学大学院理工学研究科修了.工学博士（早大）,立命館大学教授等を経て,
2003年より現職,仏 ESSEC ビジネススクールおよびパリ政治学院各客員教授,LVMH
モエヘネシー・ルイヴィトン寄附講座教授を歴任.
専門はラグジュアリーブランディング論,商品開発・管理学会および加飾技術研究会各
会長,International Journal of Marketing Review（Wiley）等 6 英文学術誌編集委
員・顧問.ナガホリおよびエポック社各社外取締役.
主な編著書として,『暮らしにおける感性商品』（晃洋書房,2021年）,『カルティエ 最
強のブランド創造経営』（東洋経済新報社,2021年）,『シャネルの戦略』（東洋経済新報
社,2010年,韓国版：Random House,2011年）,『ルイ・ヴィトンの秘密』（講談社,
2009年,中国版：東華大学出版社,2016年）,『ルイ・ヴィトンの法則』（東洋経済新報
社,2007年,韓国版：Haeng Gan,2009年タイ版：Tech. Promotion Assoc., Bangkok,
2009年）,『老舗ブランド企業の経験価値創造』（同友館,2006年,台湾版：中衛發展中
心,2008年）,『ブランド帝国の素顔 LVMH モエヘネシー・ルイヴィトン』（日本経済
新聞社,2002年,台湾版：商周出版,2004年）等,訳書に『ラグジュアリー戦略』（東
洋経済新報社,2011年）等,計130冊がある.

感性価値を高める商品開発とブランド戦略
──感性商品開発の理論から事例まで──

2023年 4 月10日　初版第 1 刷発行　　＊定価はカバーに
　　　　　　　　　　　　　　　　　　　表示してあります

　　　　　　　編著者　　長　沢　伸　也©

　　　　　　　発行者　　萩　原　淳　平

　　　　　　　印刷者　　江　戸　孝　典

発行所　株式会社　晃　洋　書　房
〒615-0026　京都市右京区西院北矢掛町 7 番地
電話　075 (312) 0788番㈹
振替口座　01040-6-32280

装丁　吉野　綾　　　　印刷・製本　共同印刷工業㈱
ISBN978-4-7710-3734-2

長沢伸也 編著
暮らしにおける感性商品
──感性価値を高めるこれからの商品開発と戦略──

A 5 判 182頁
定価2,750円（税込）

長沢伸也・川村亮太 著
地場伝統企業のものづくりブランディング
──玉川堂, 勝沼醸造, 白鳳堂, 能作はなぜ成長し続けるのか──

A 5 判 166頁
定価2,640円（税込）

平山 弘 著
ブランド価値基盤の転換とブランド再構築

A 5 判 232頁
定価3,300円（税込）

坂本隆行 著
中小企業のコーポレート・ブランド生成
──自立した経営を目指して──

A 5 判 170頁
定価3,080円（税込）

姜 理恵 著
コンテンツ創造プロセスとクリエイターのマネジメント

A 5 判 256頁
定価6,600円（税込）

森下俊一郎 著
おもてなしの理念, 知識, 異文化のマネジメント

四六判 154頁
定価1,760円（税込）

南方建明 著
現代小売業の潮流
──統計データによる検証──

A 5 判 232頁
定価3,850円（税込）

晃 洋 書 房